Zed art ™

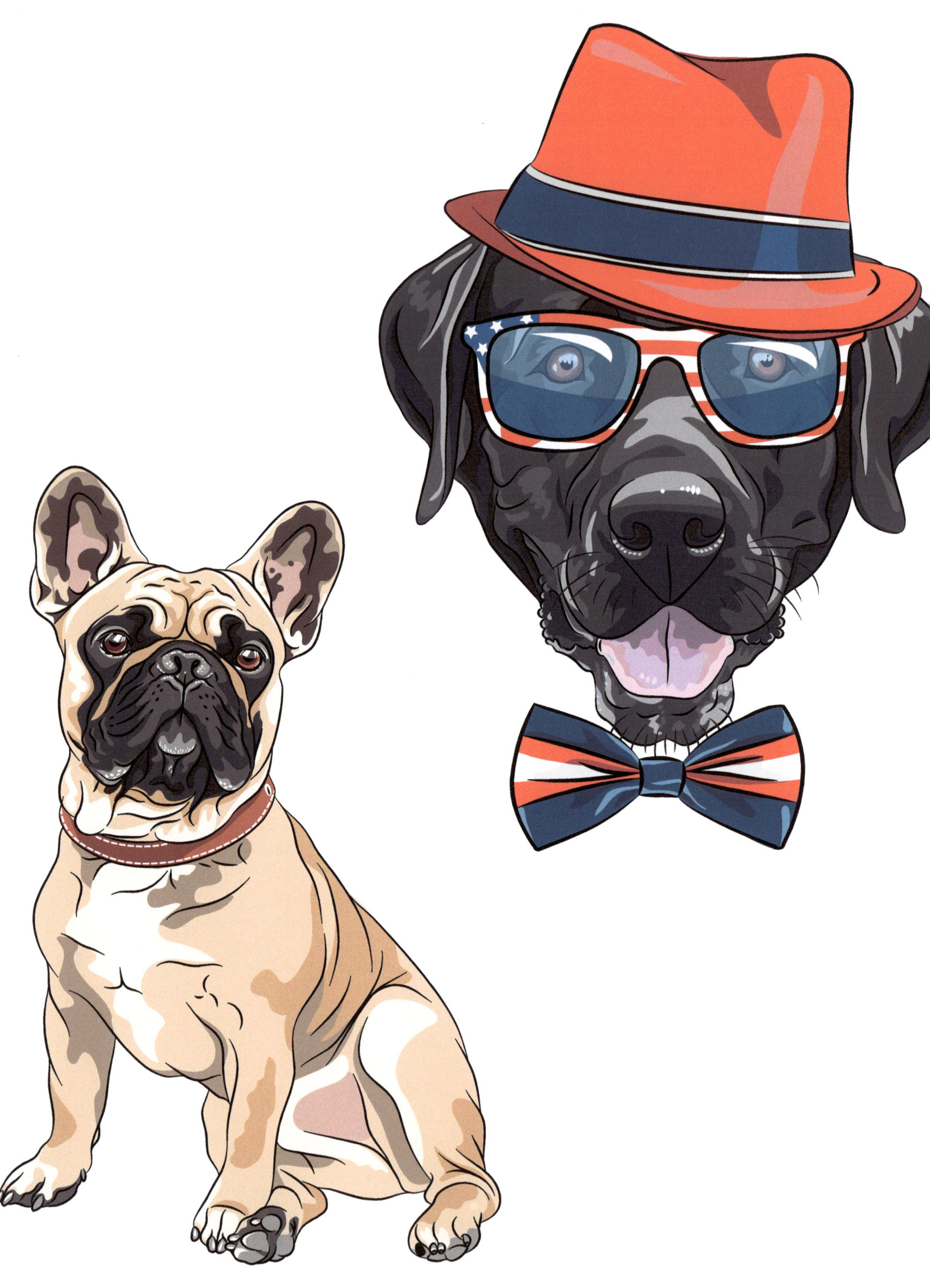

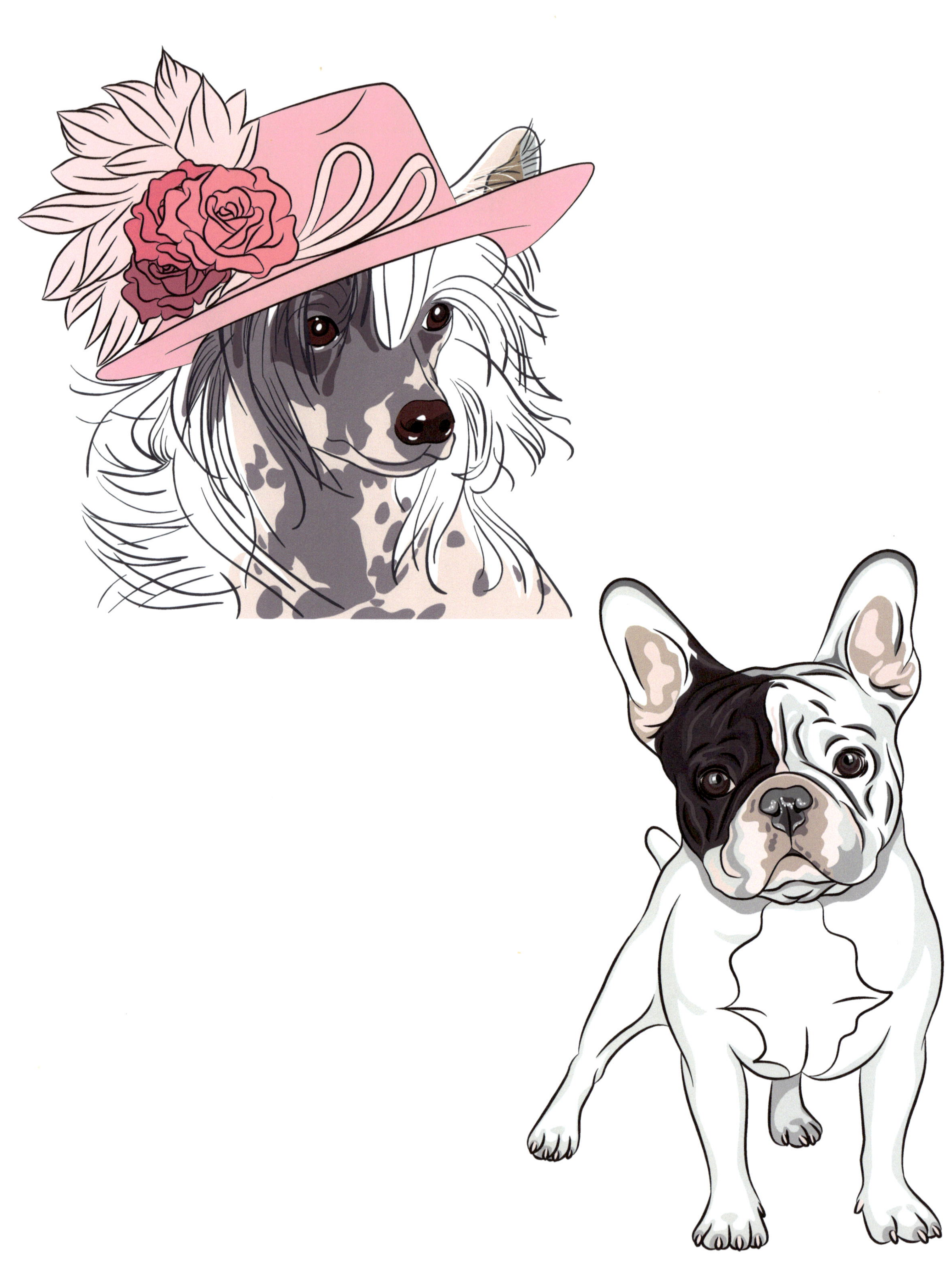

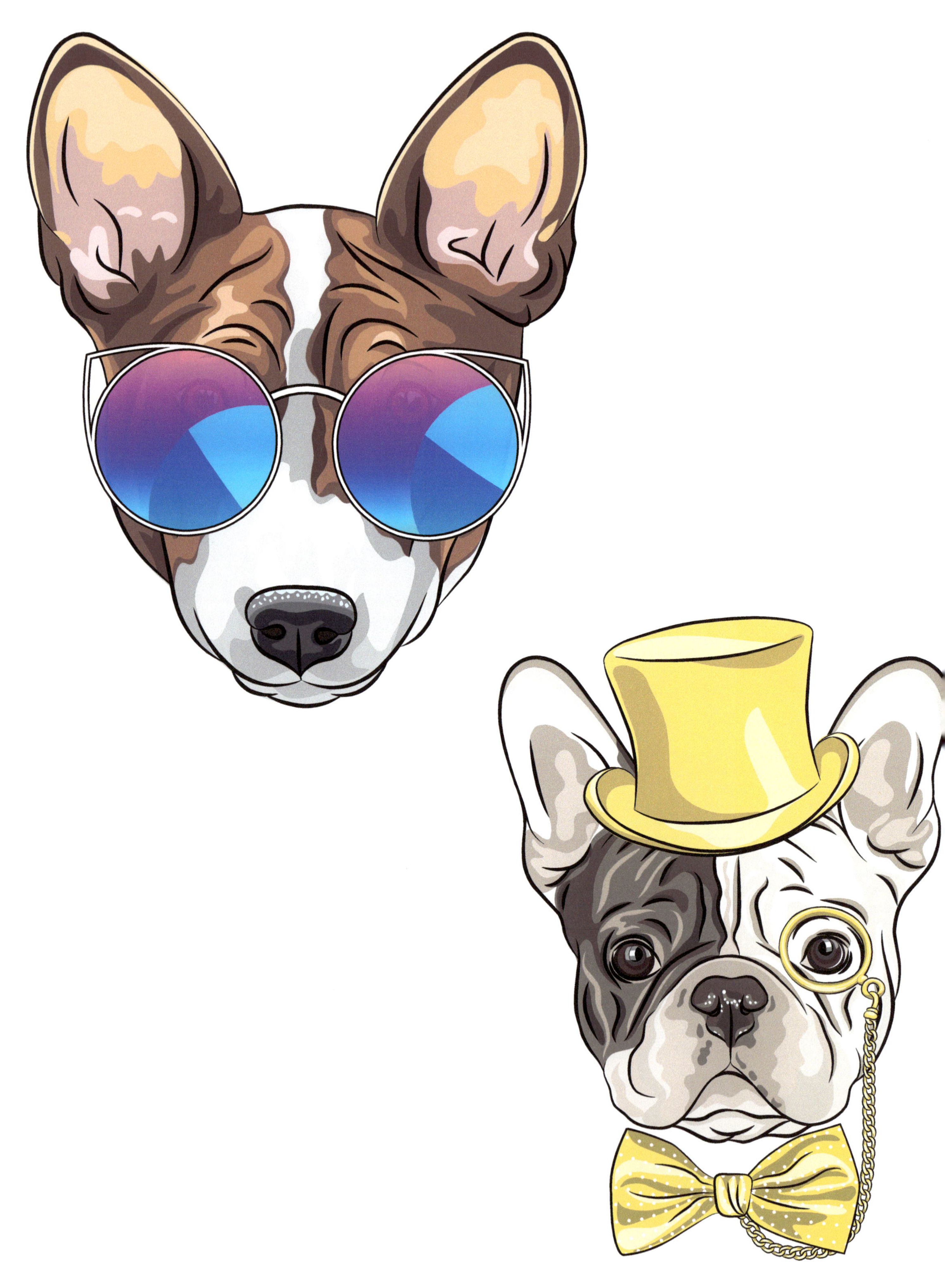

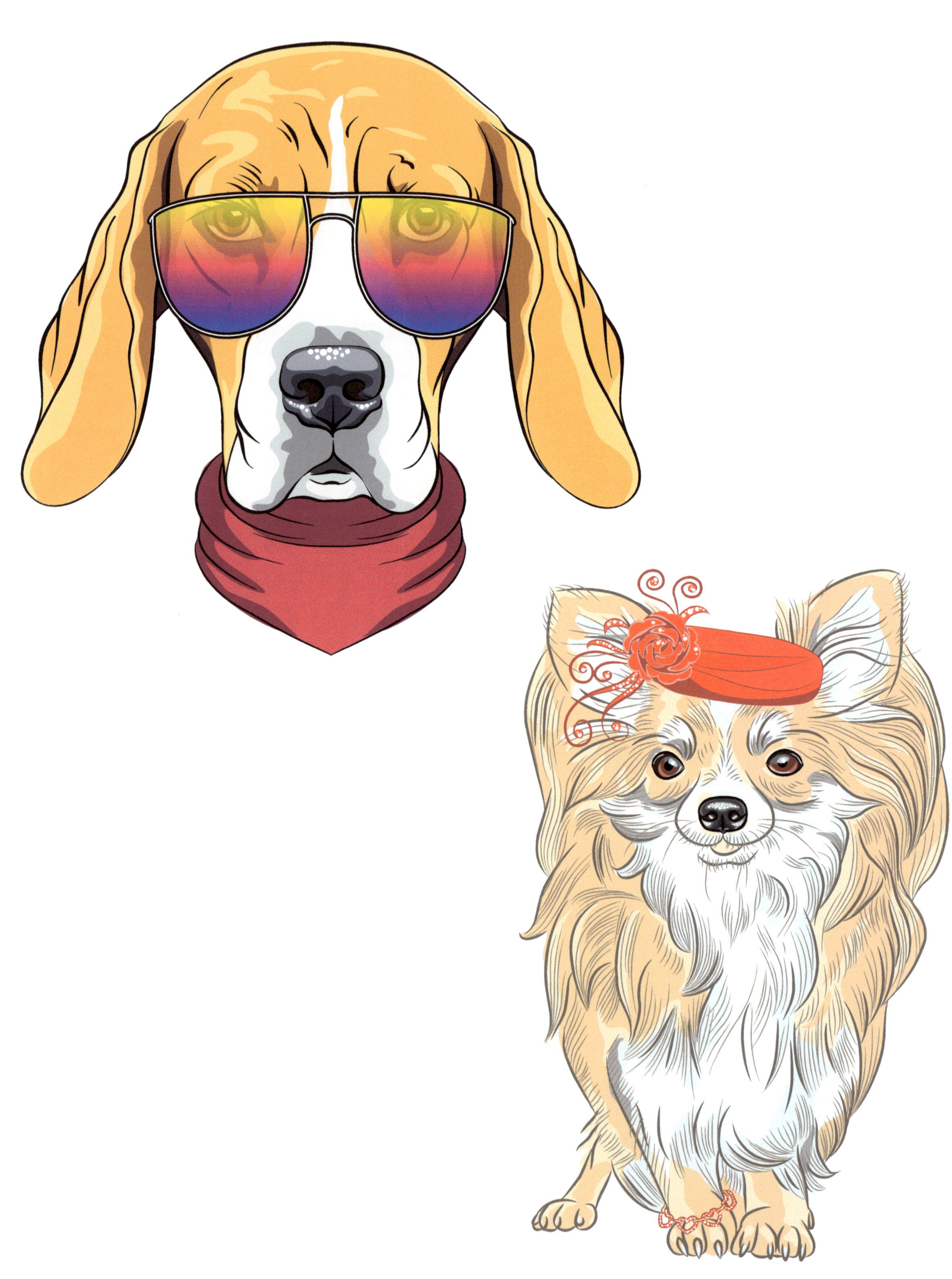

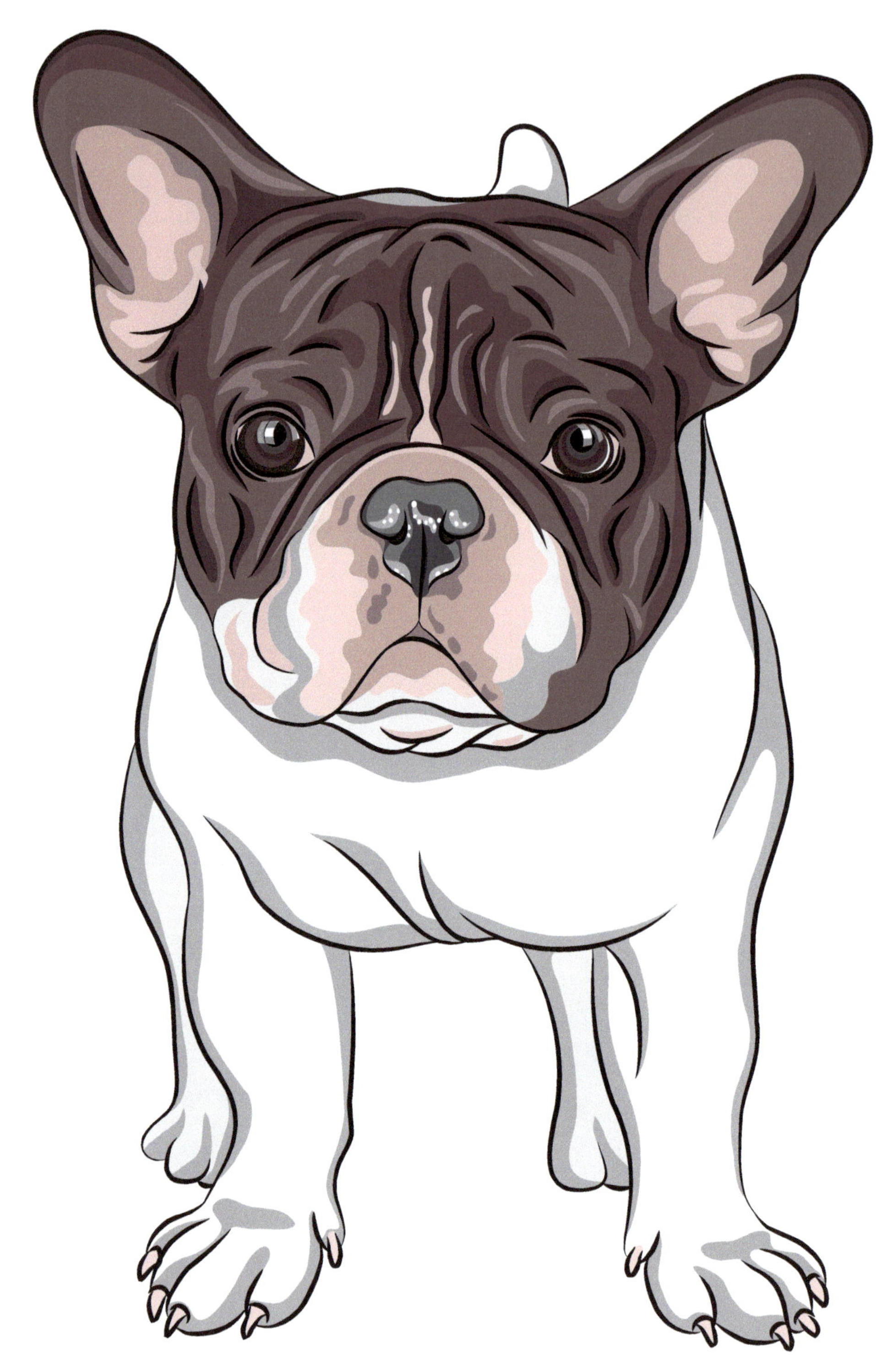

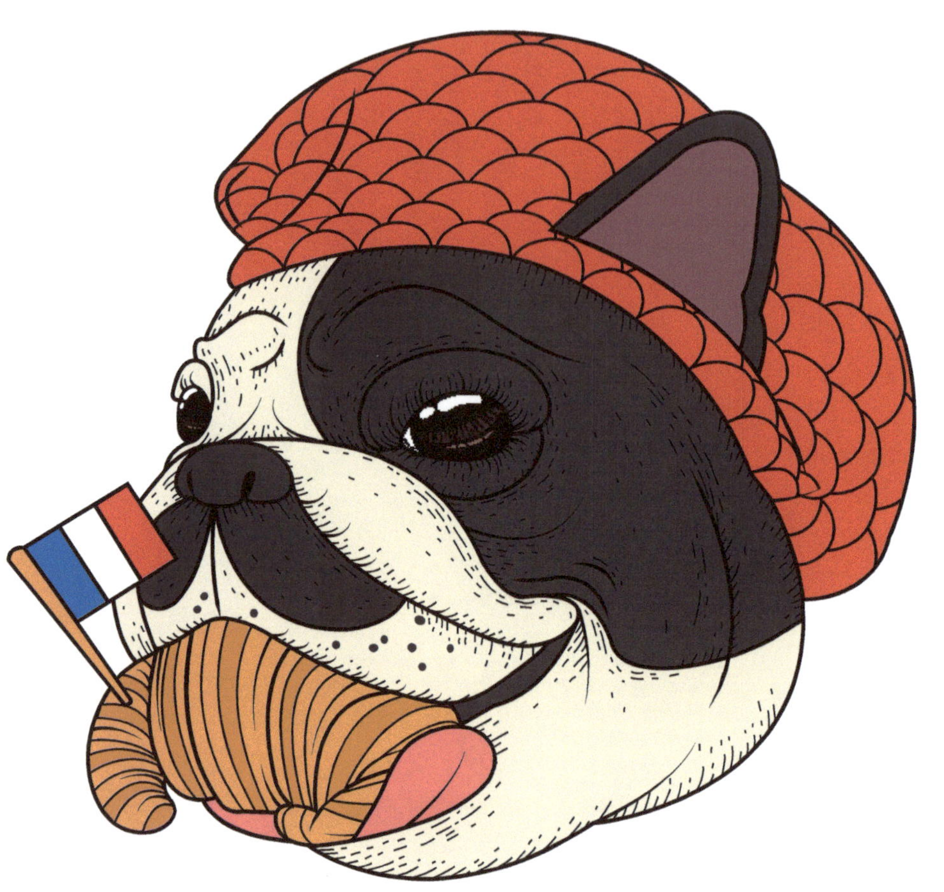
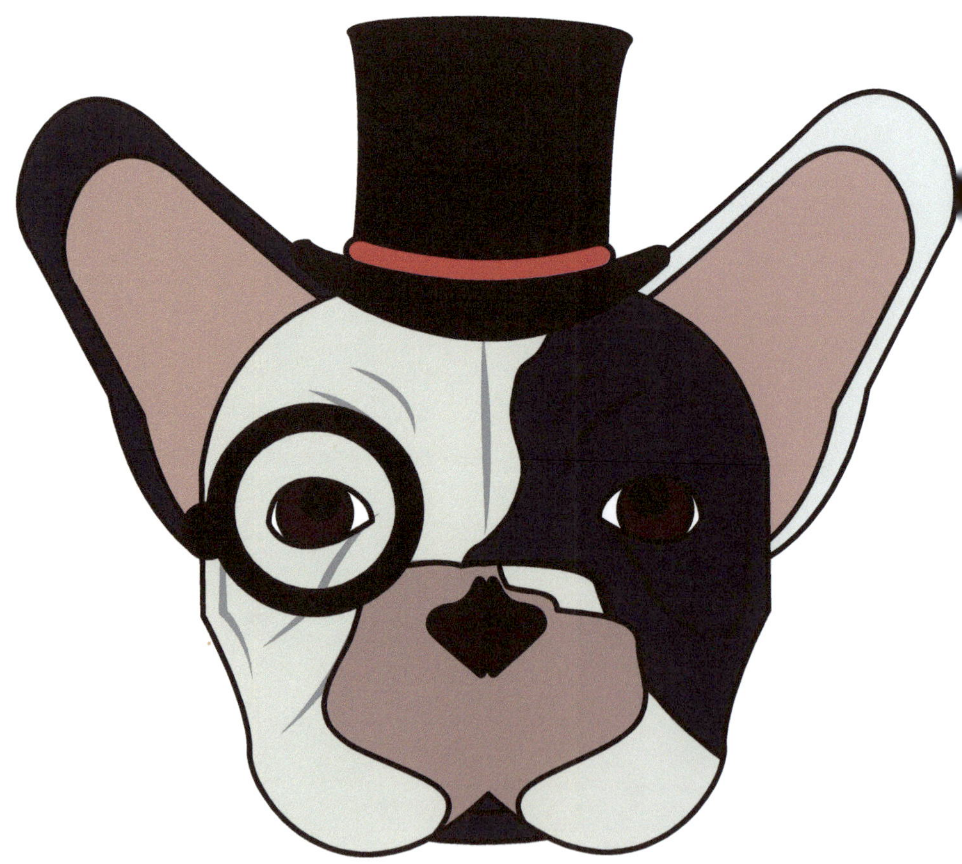

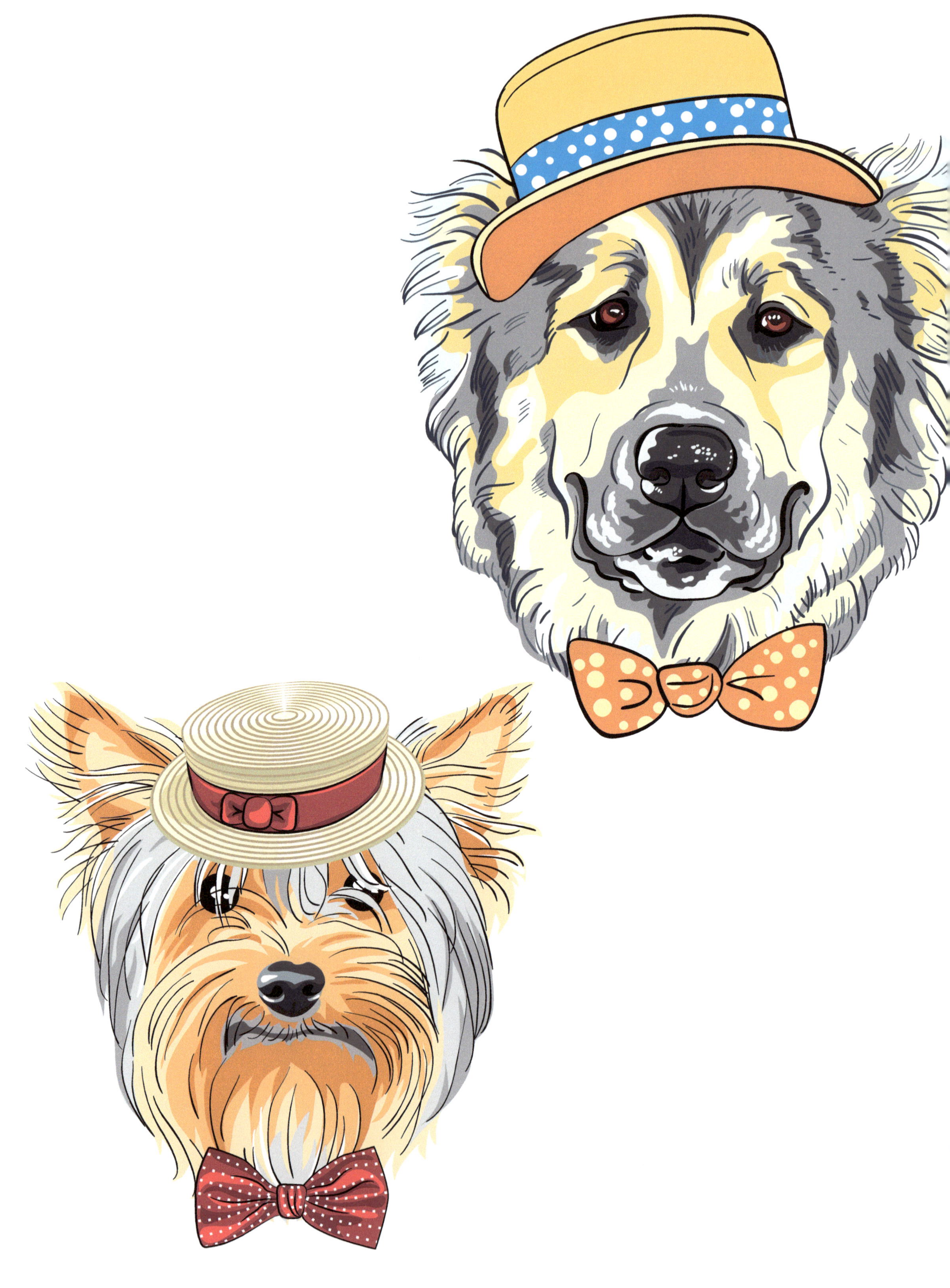

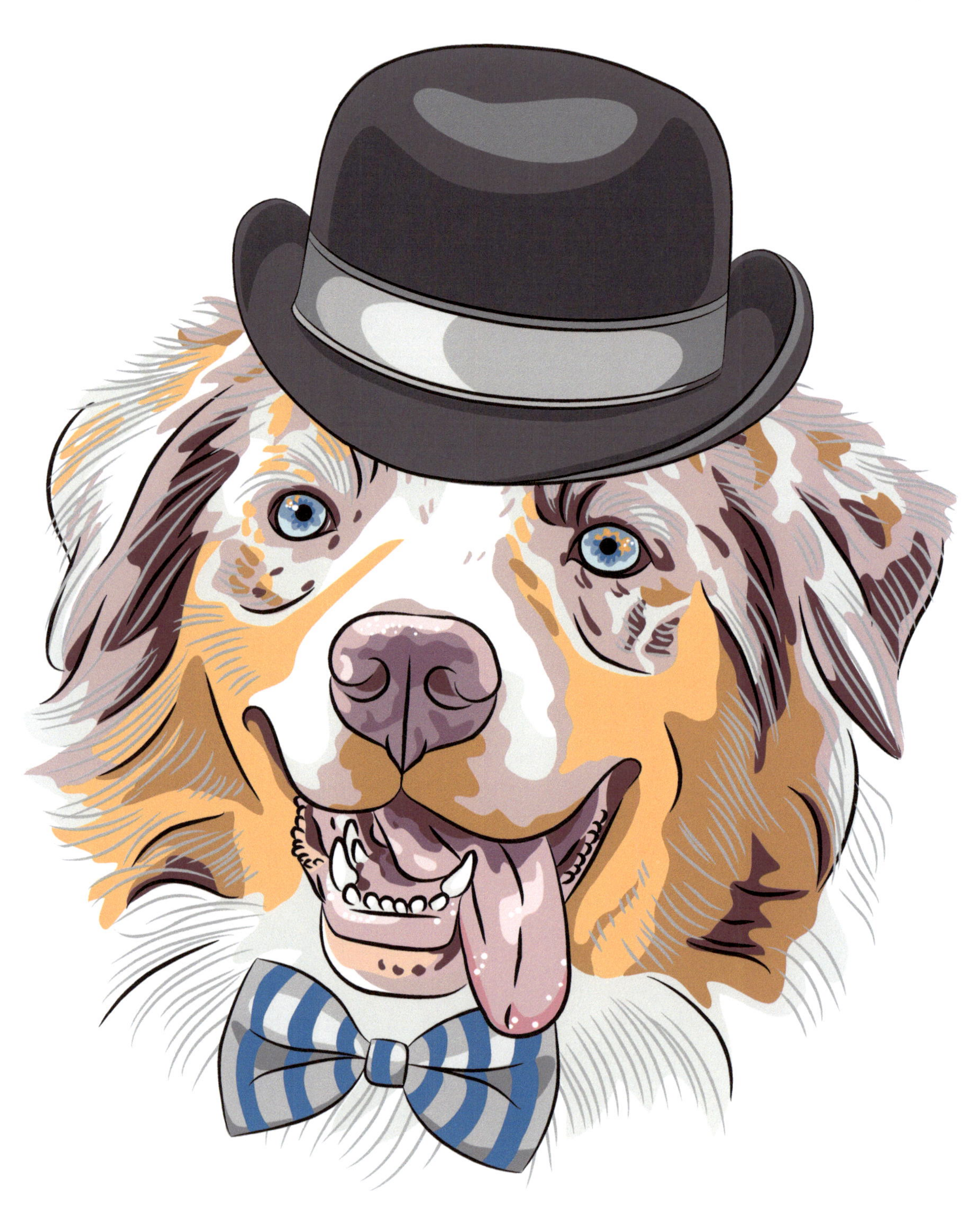

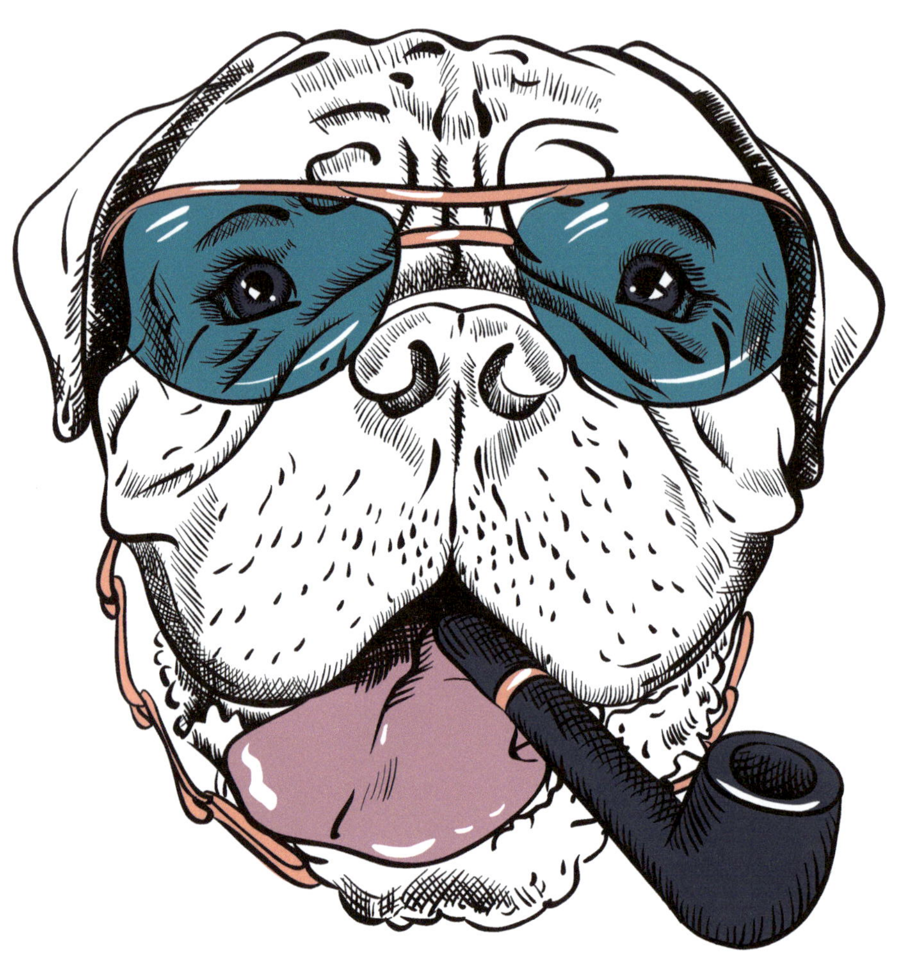

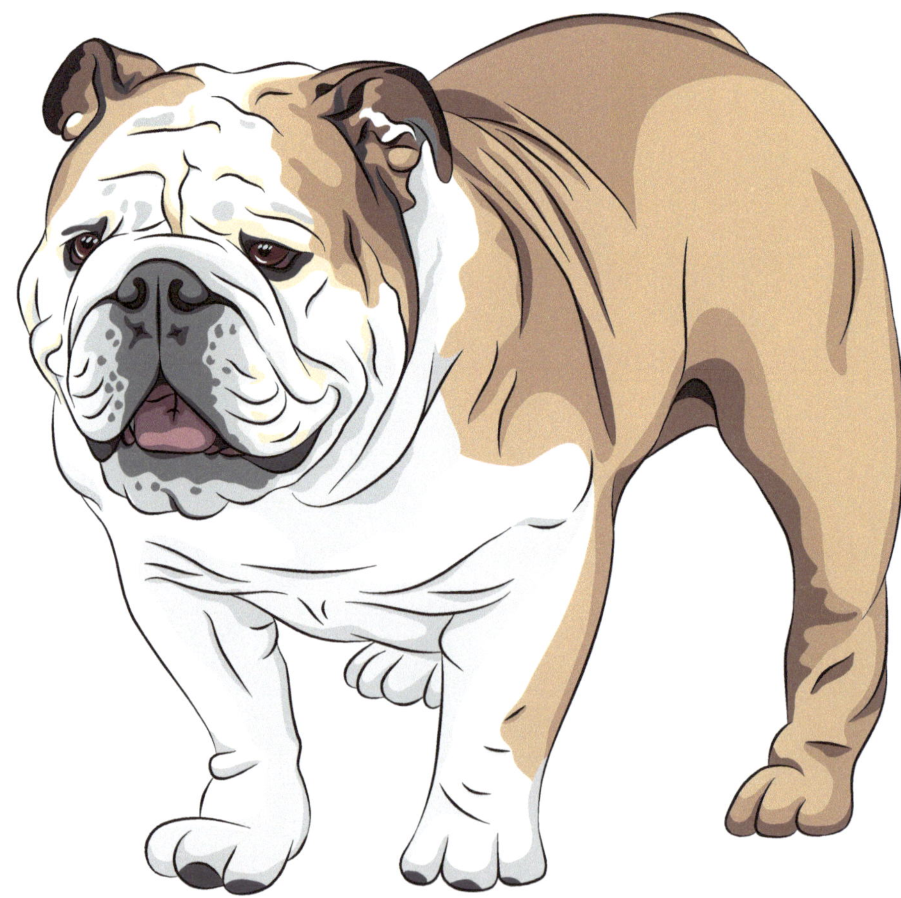

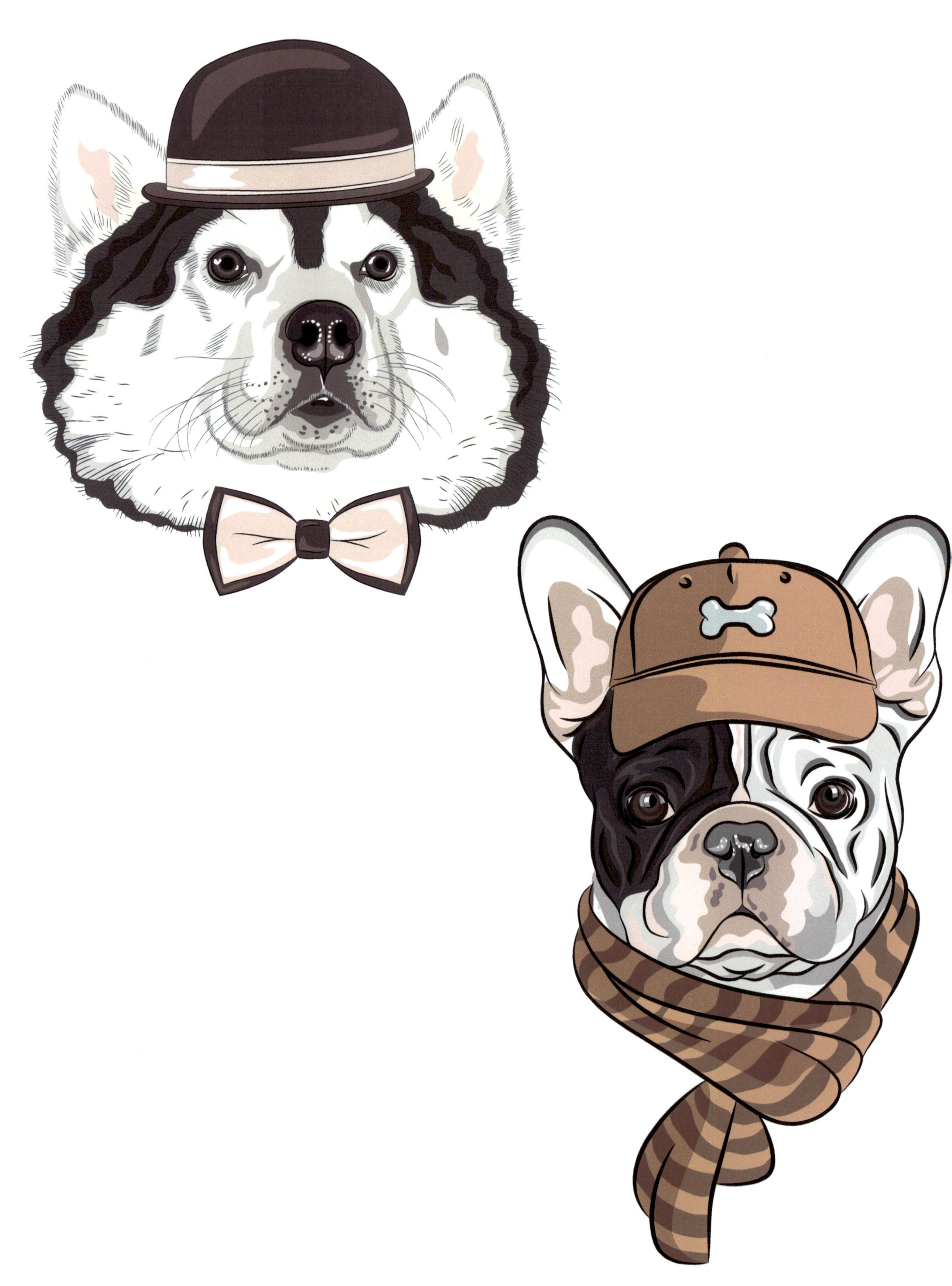

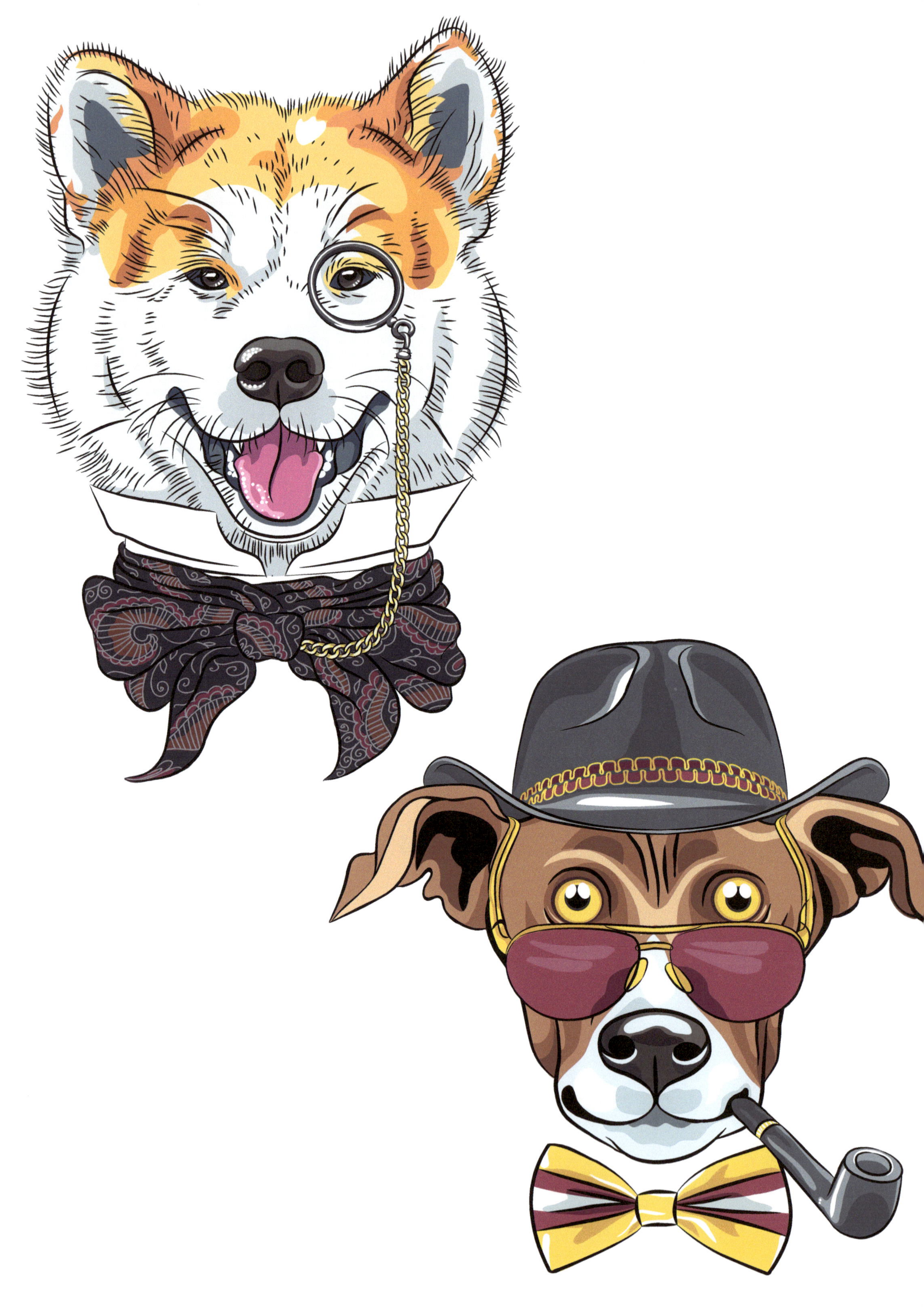

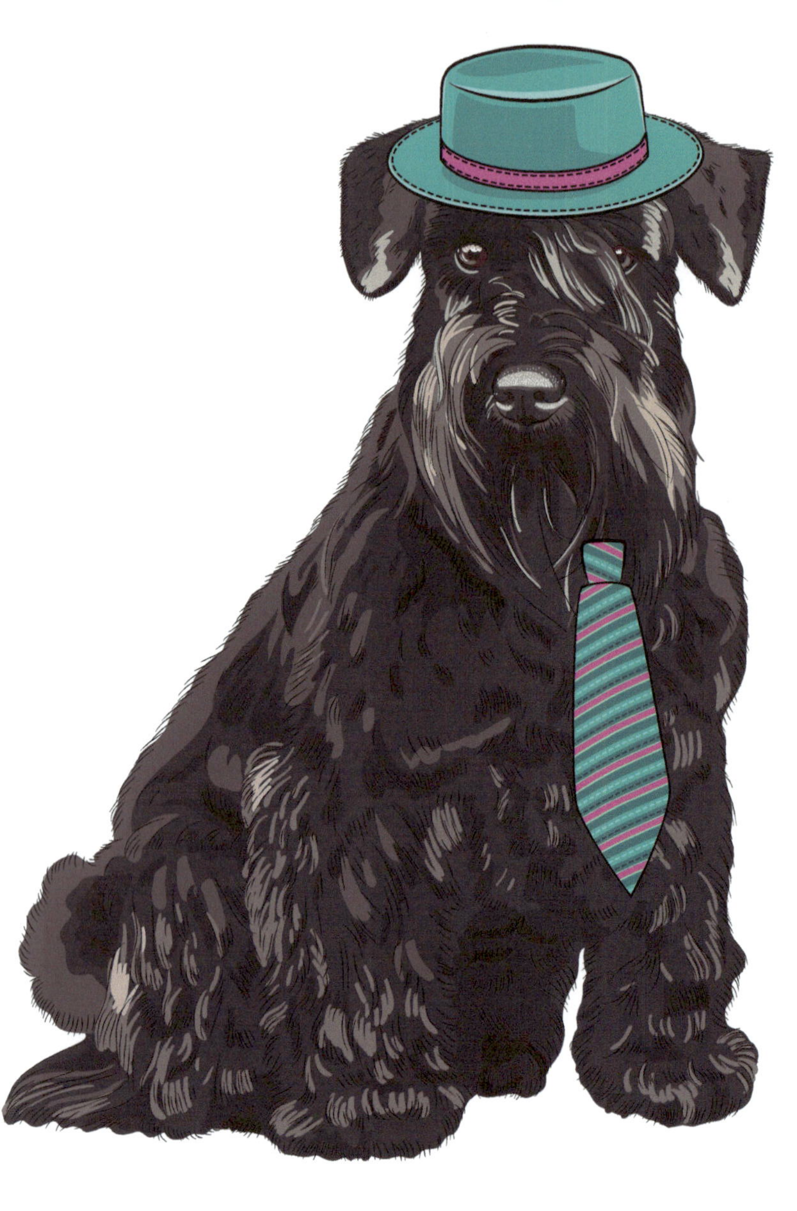
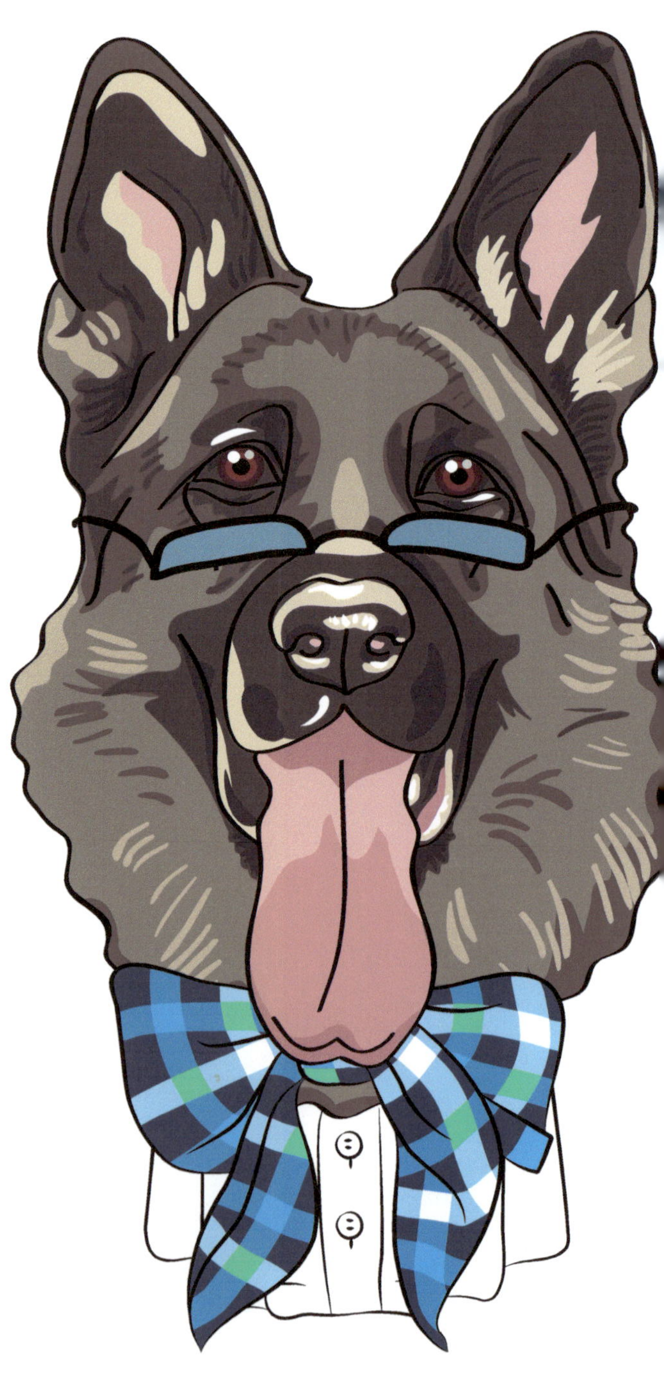

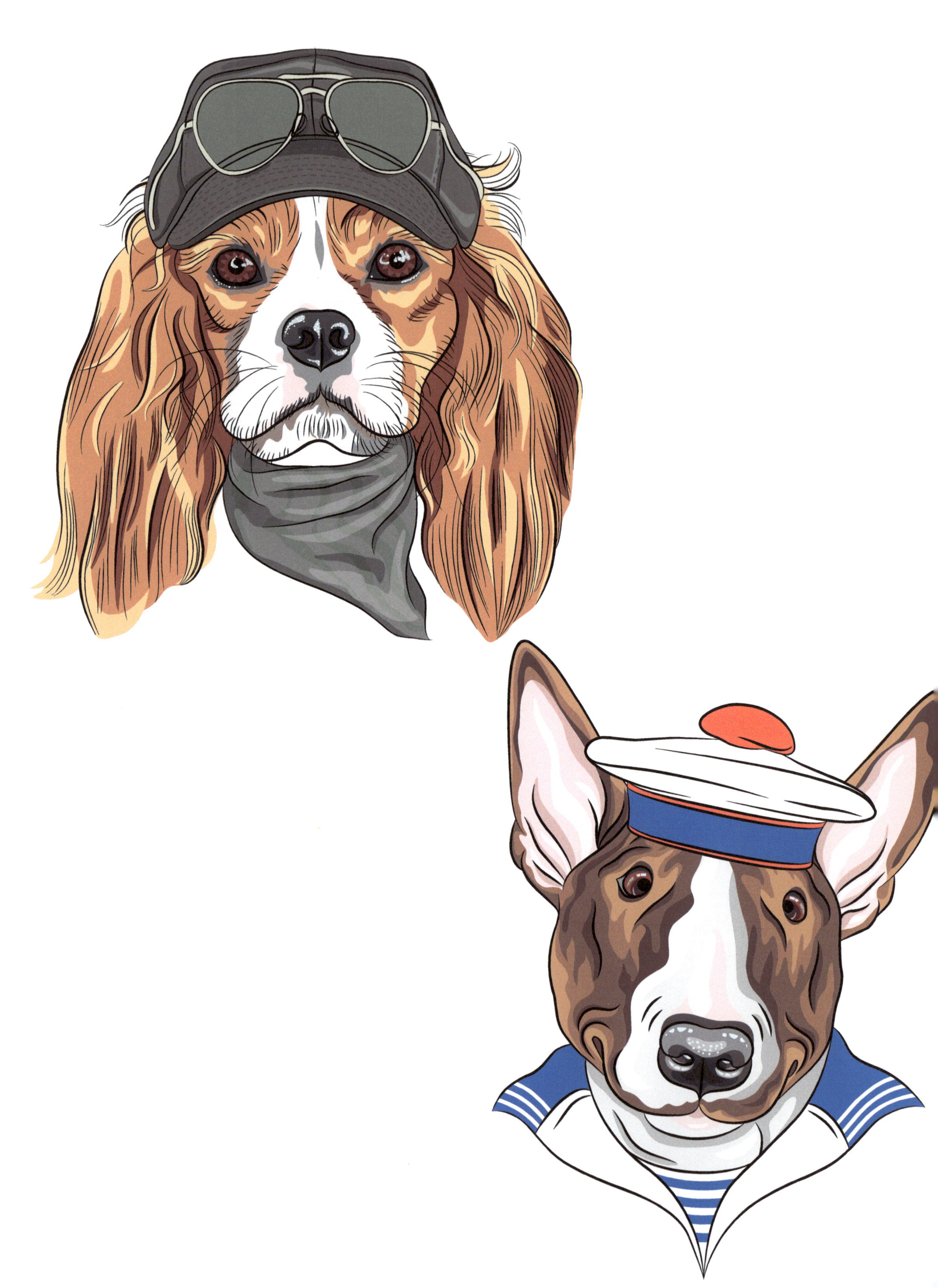

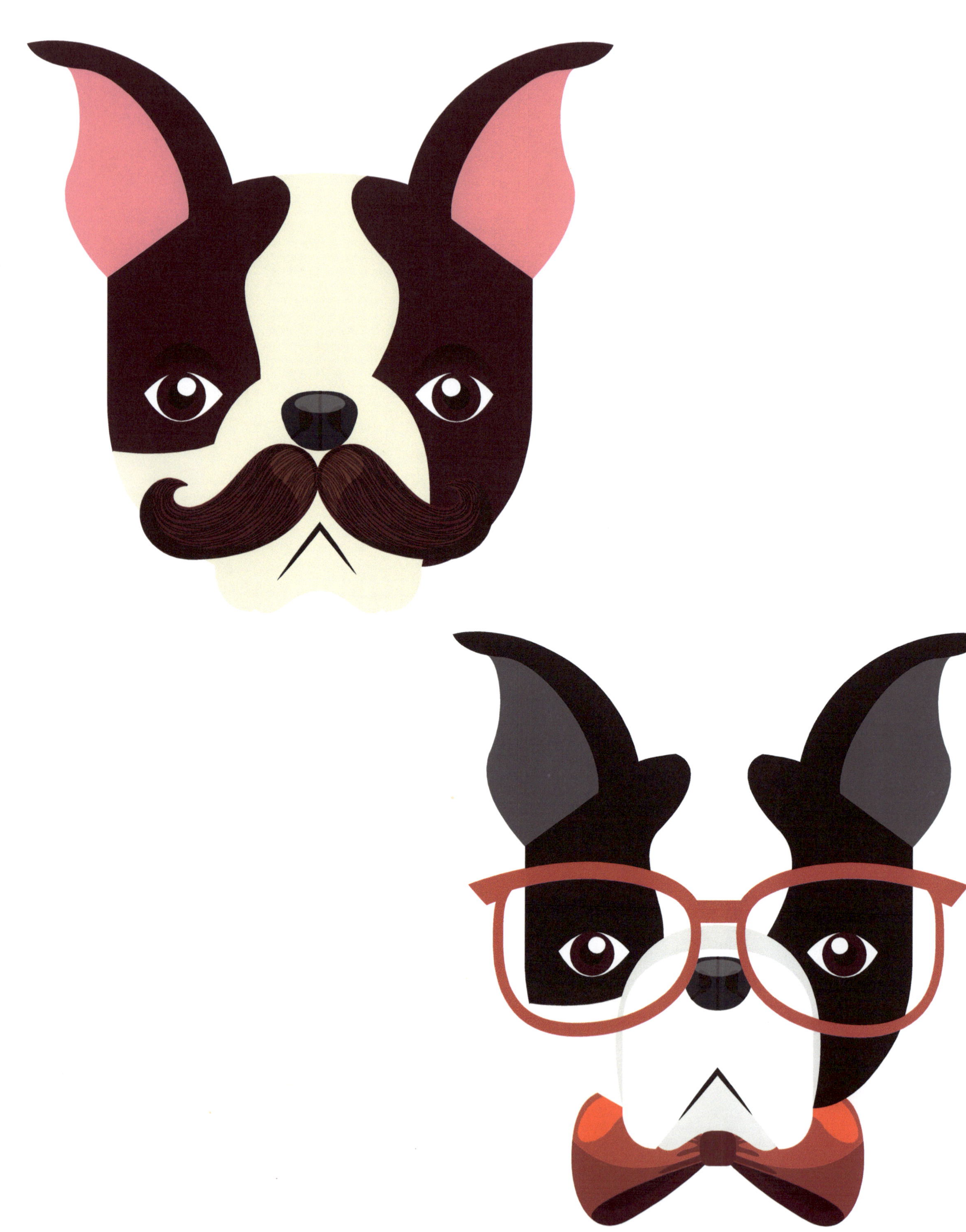

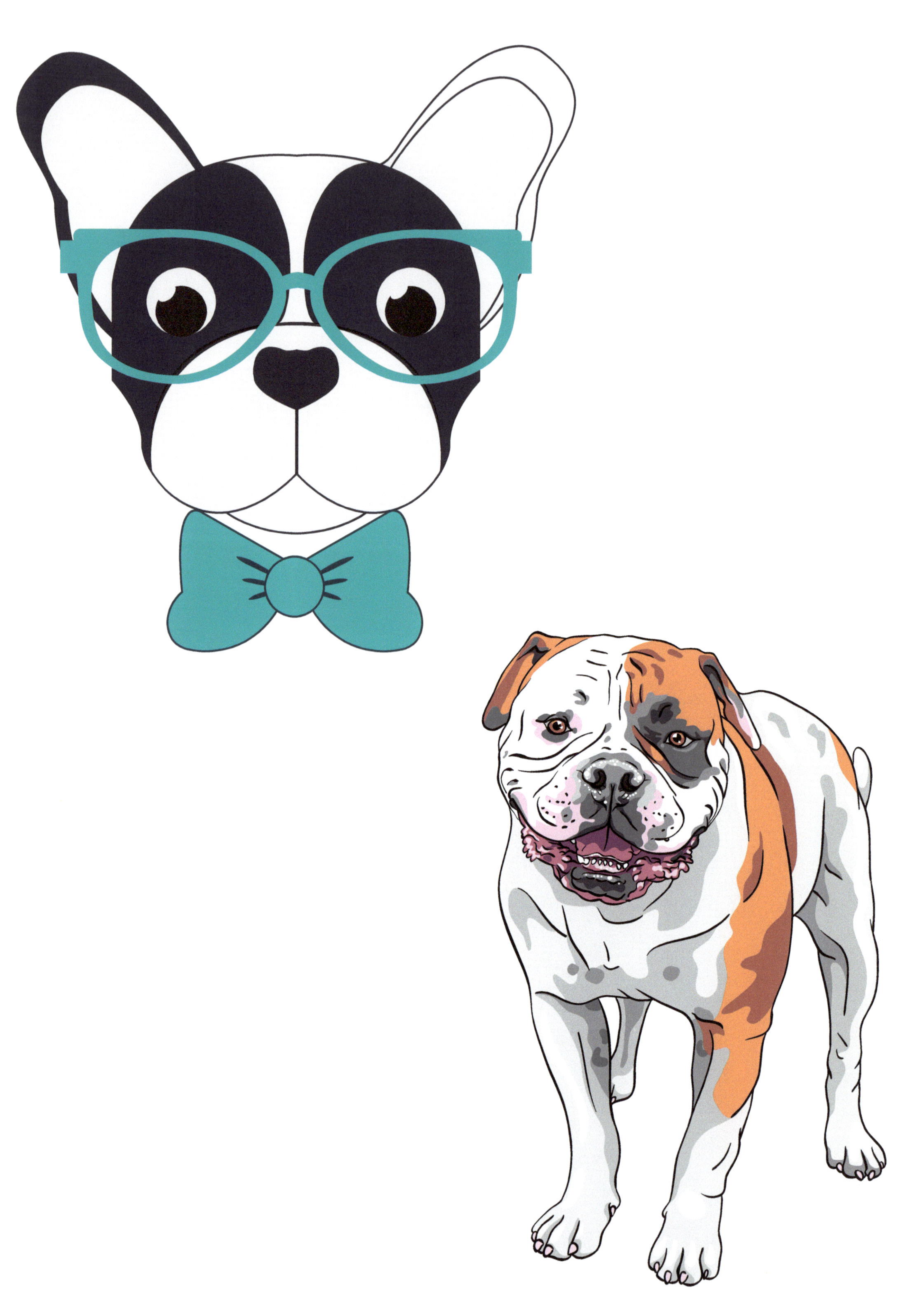

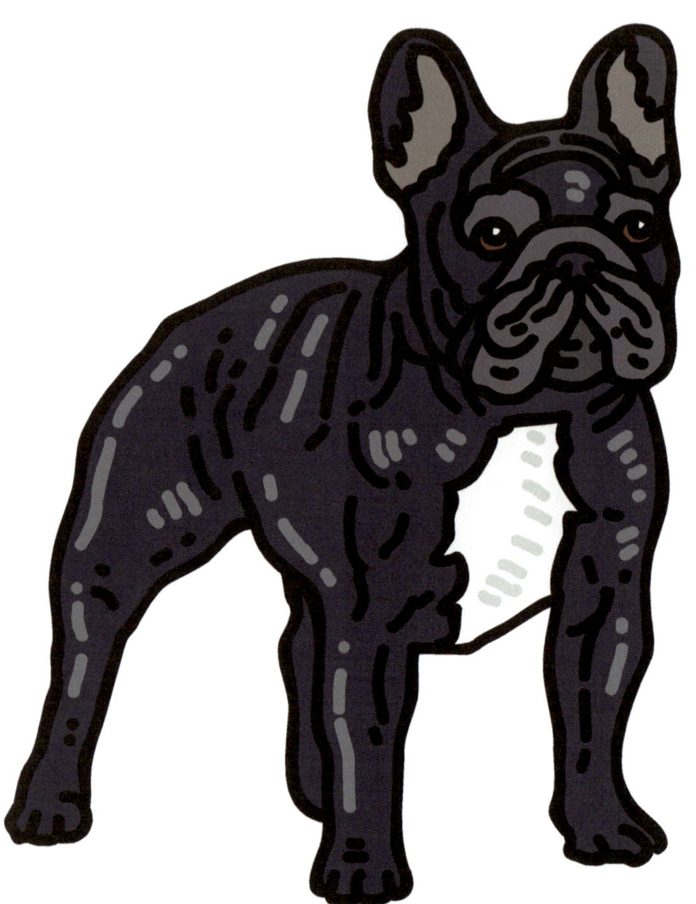
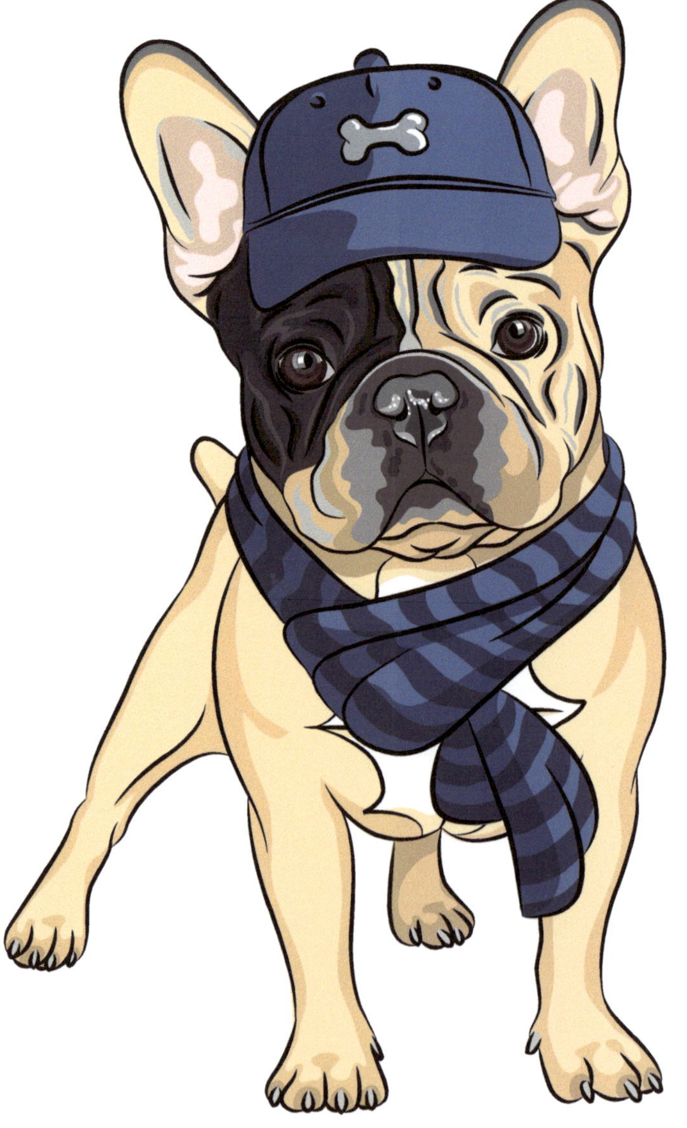

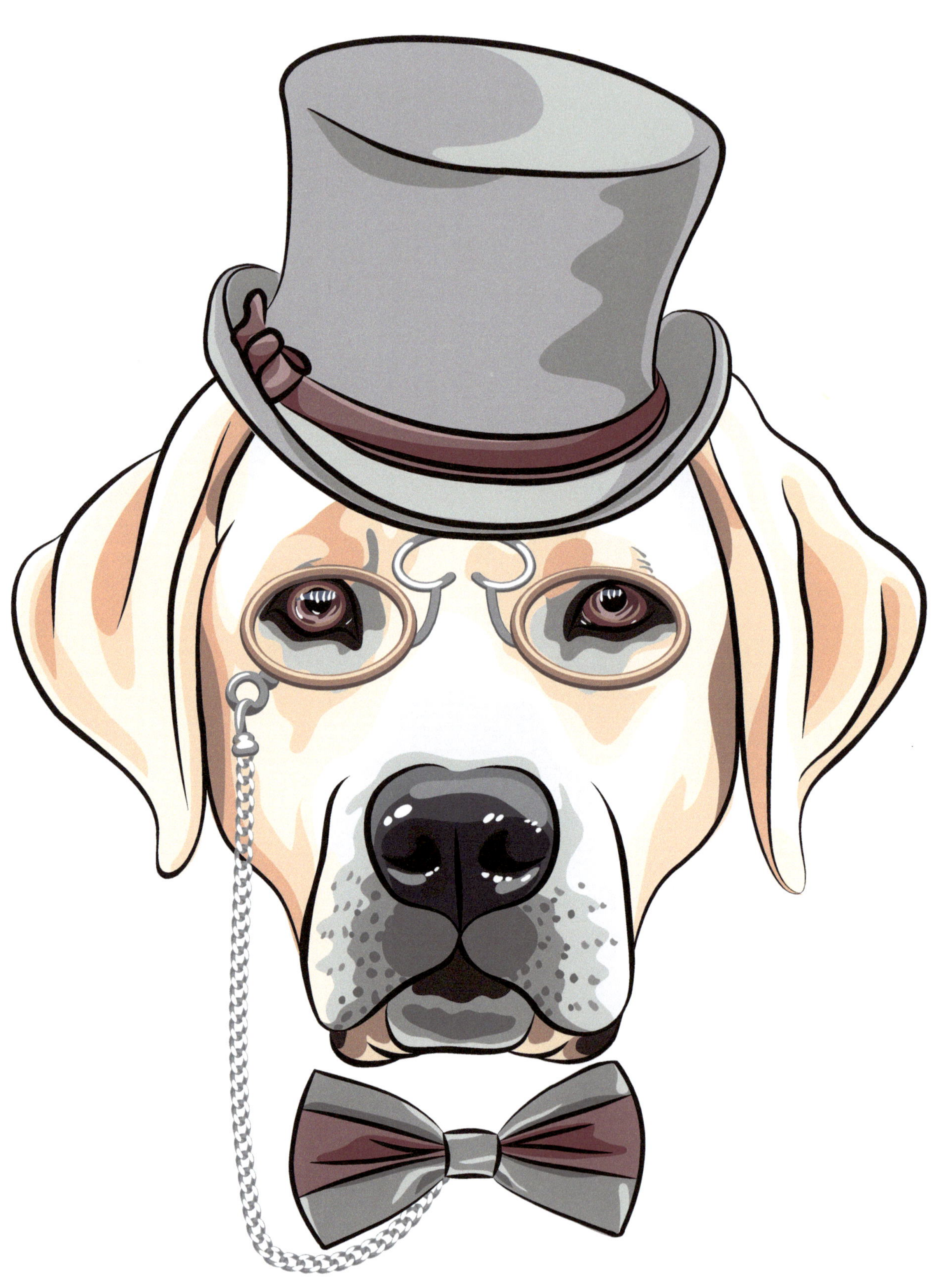

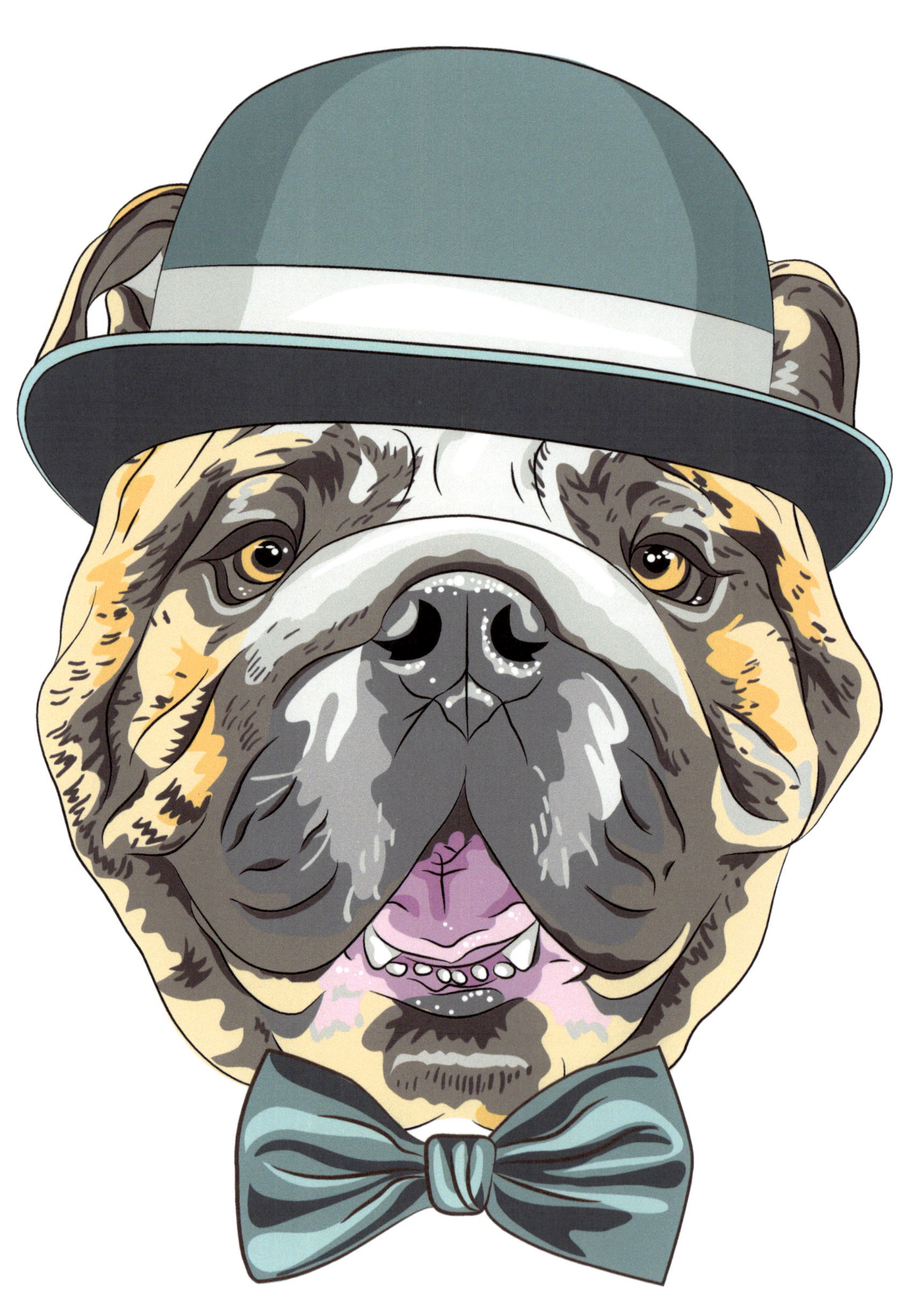

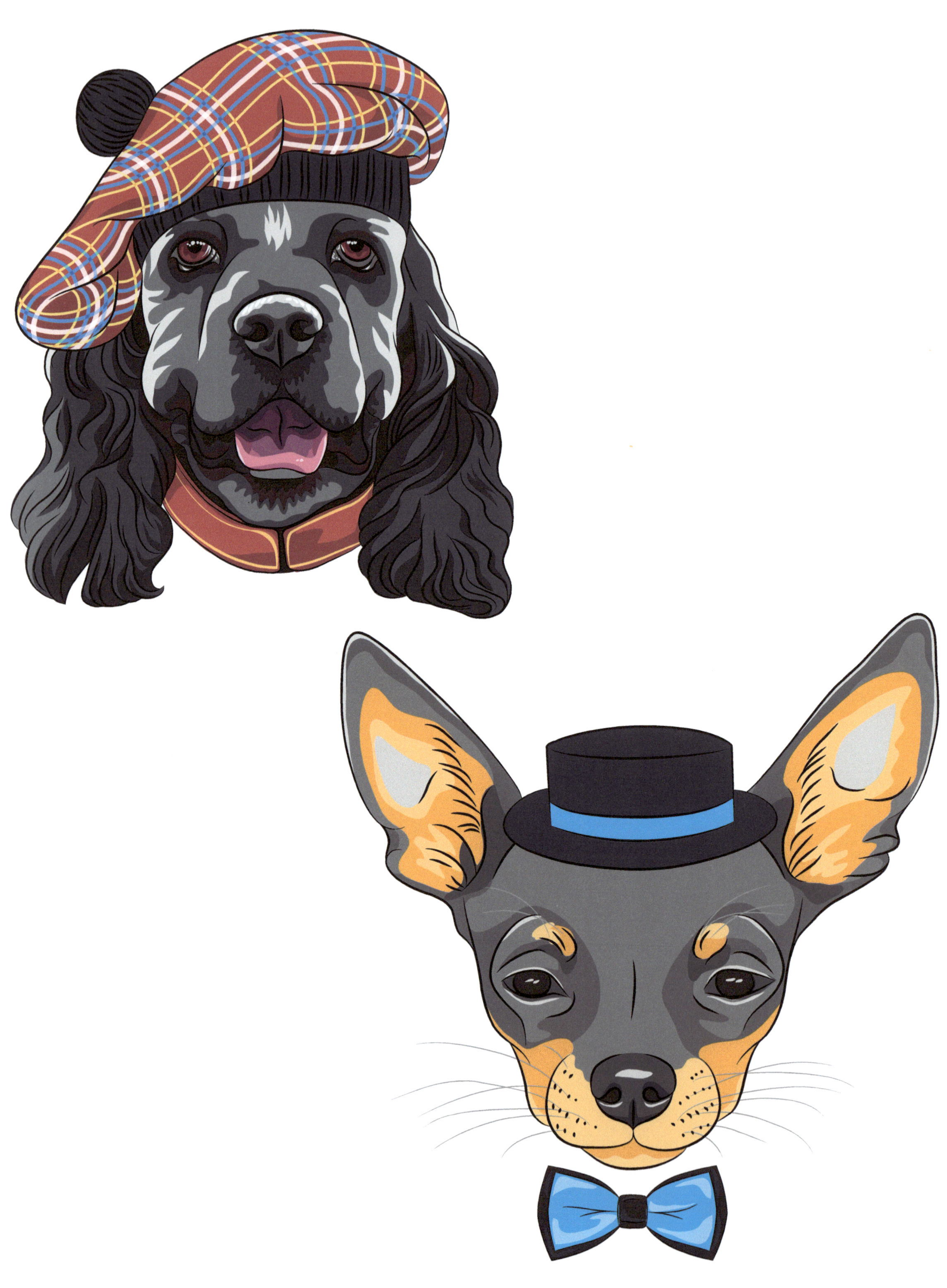

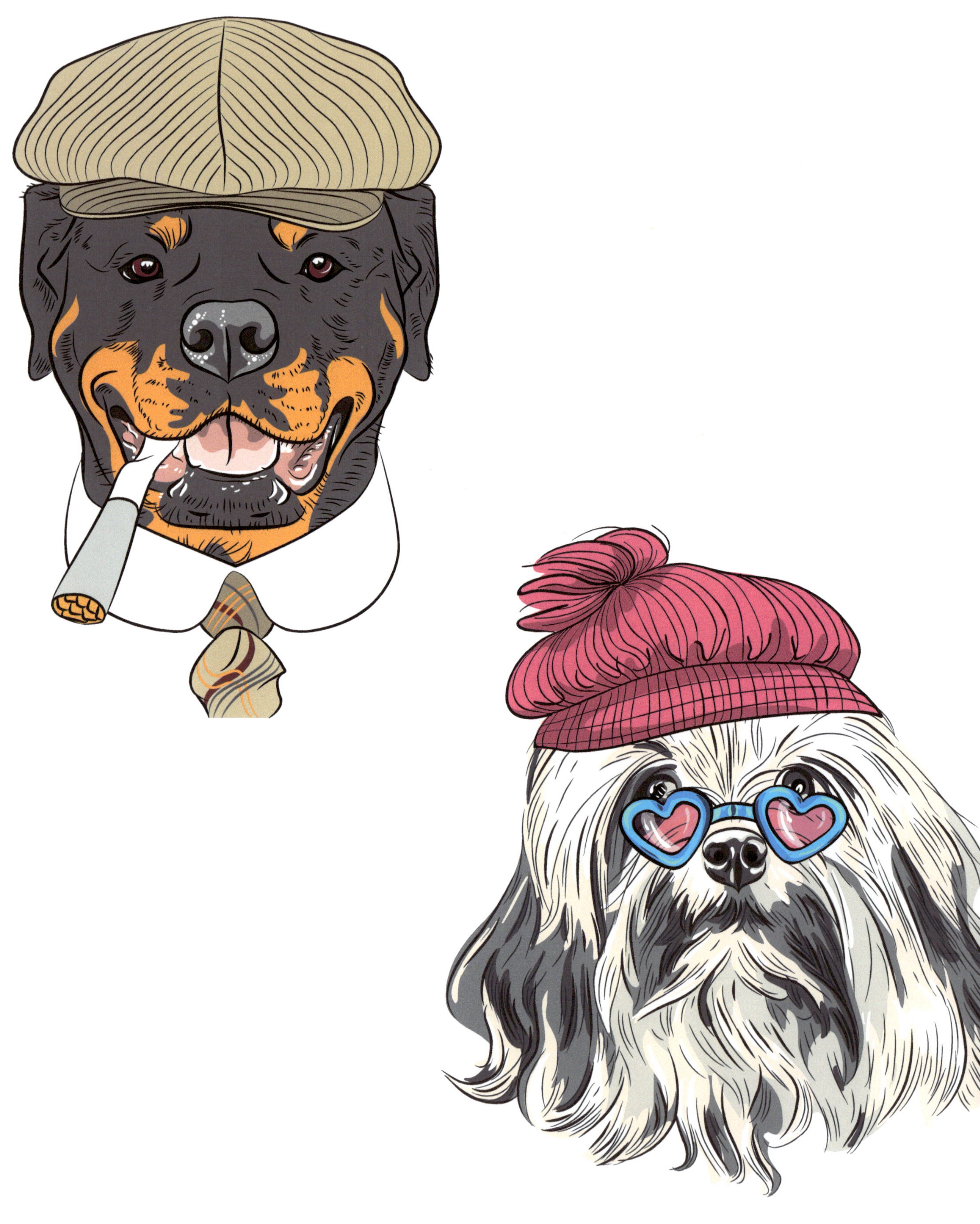

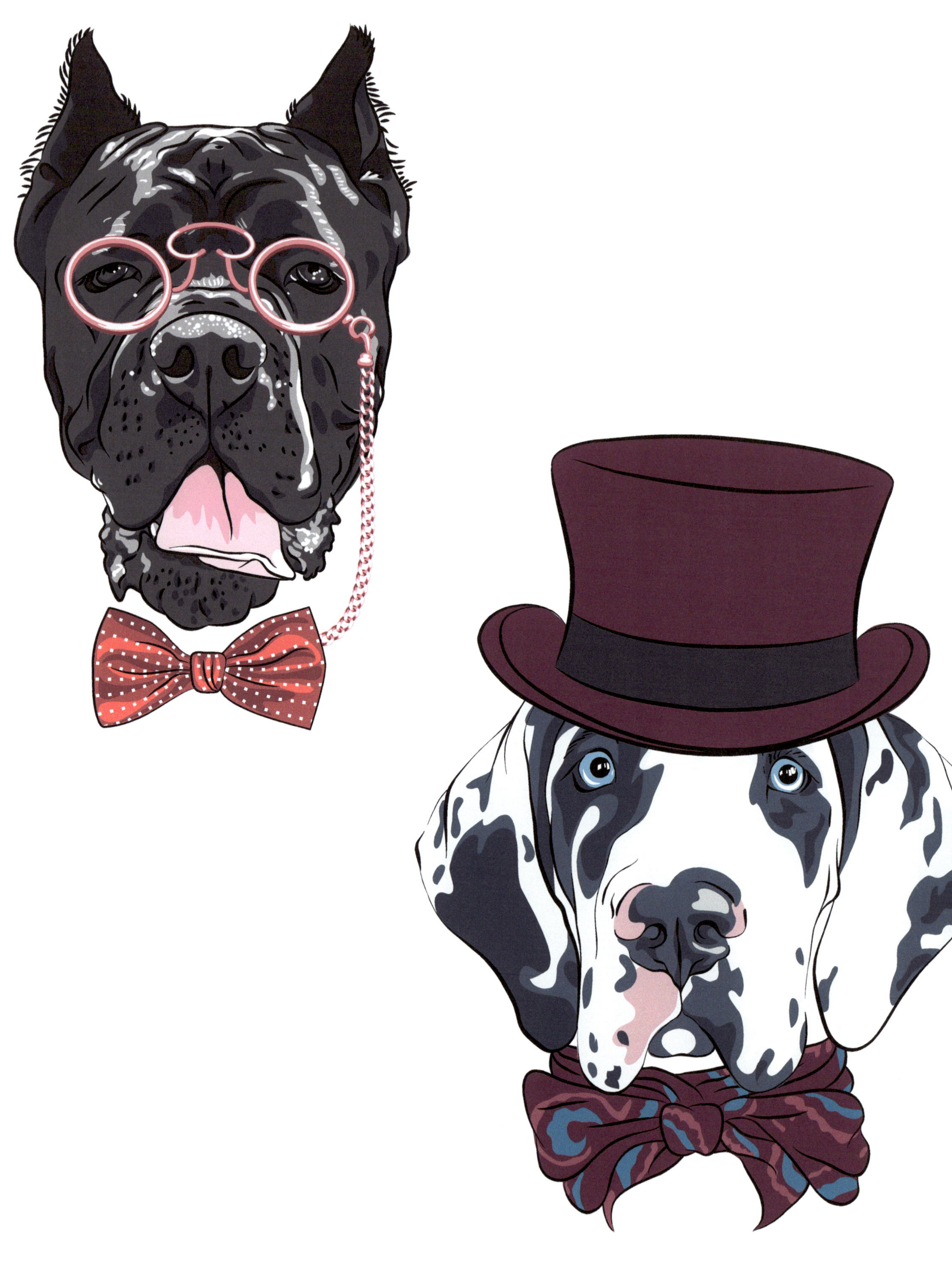

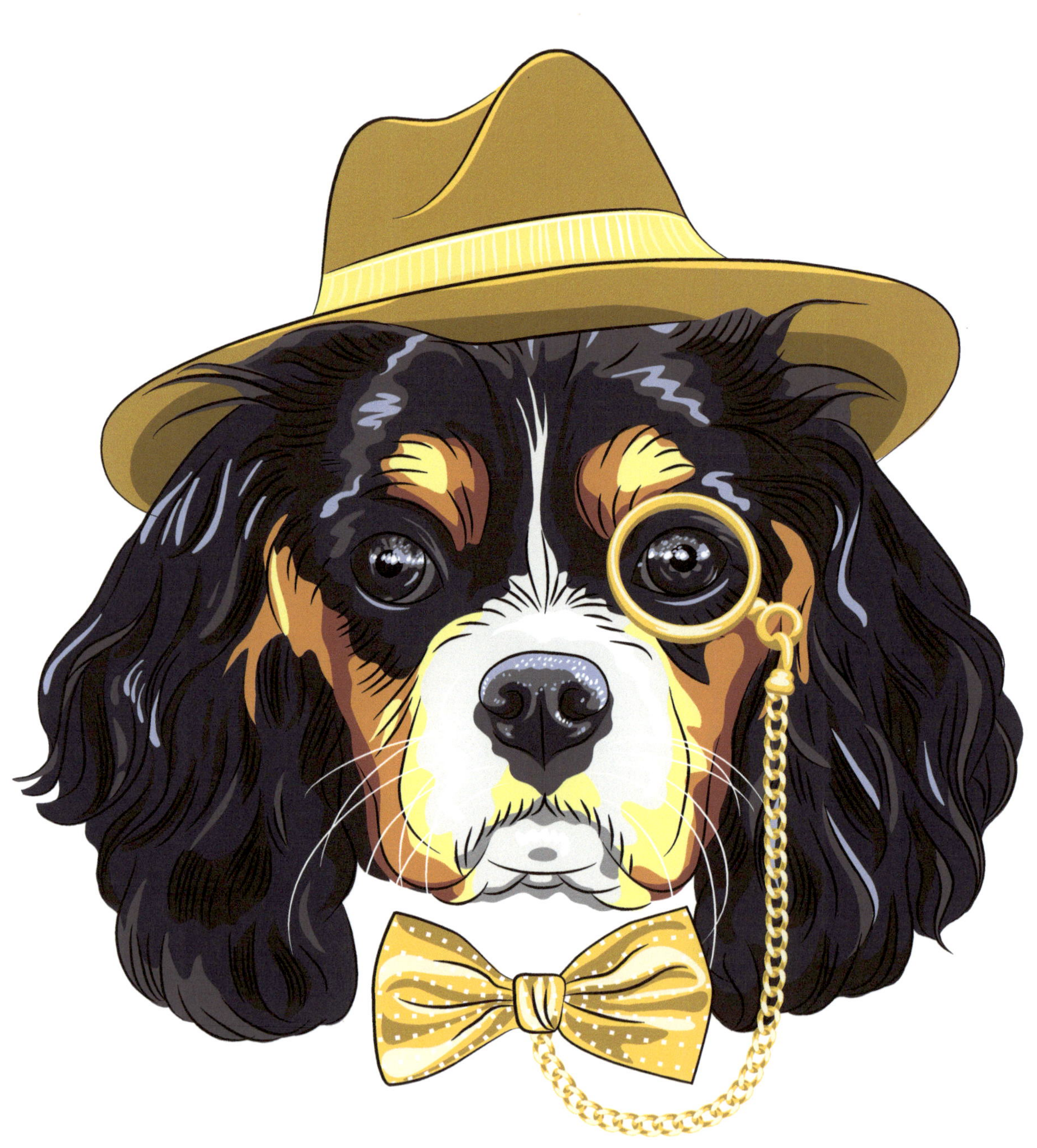

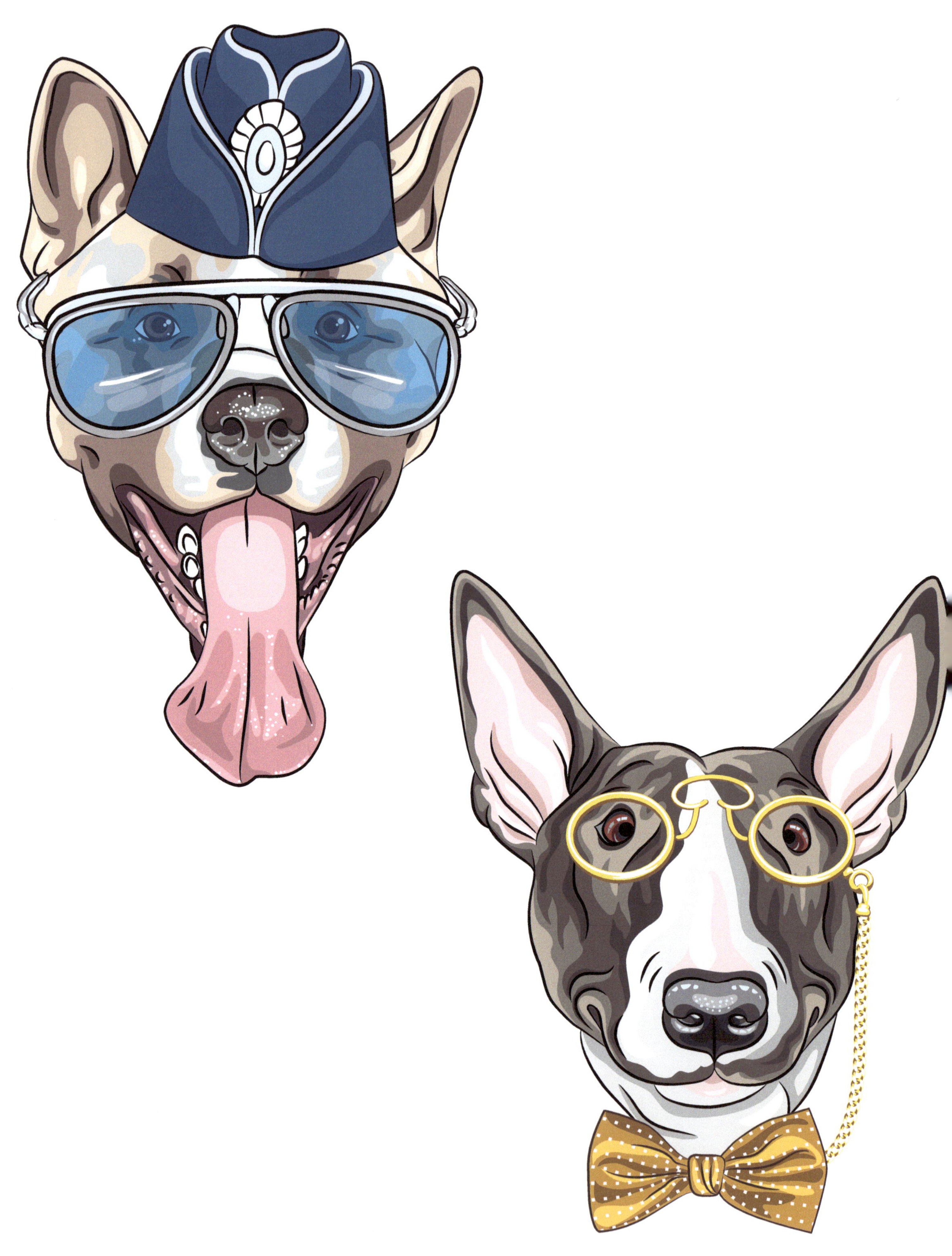

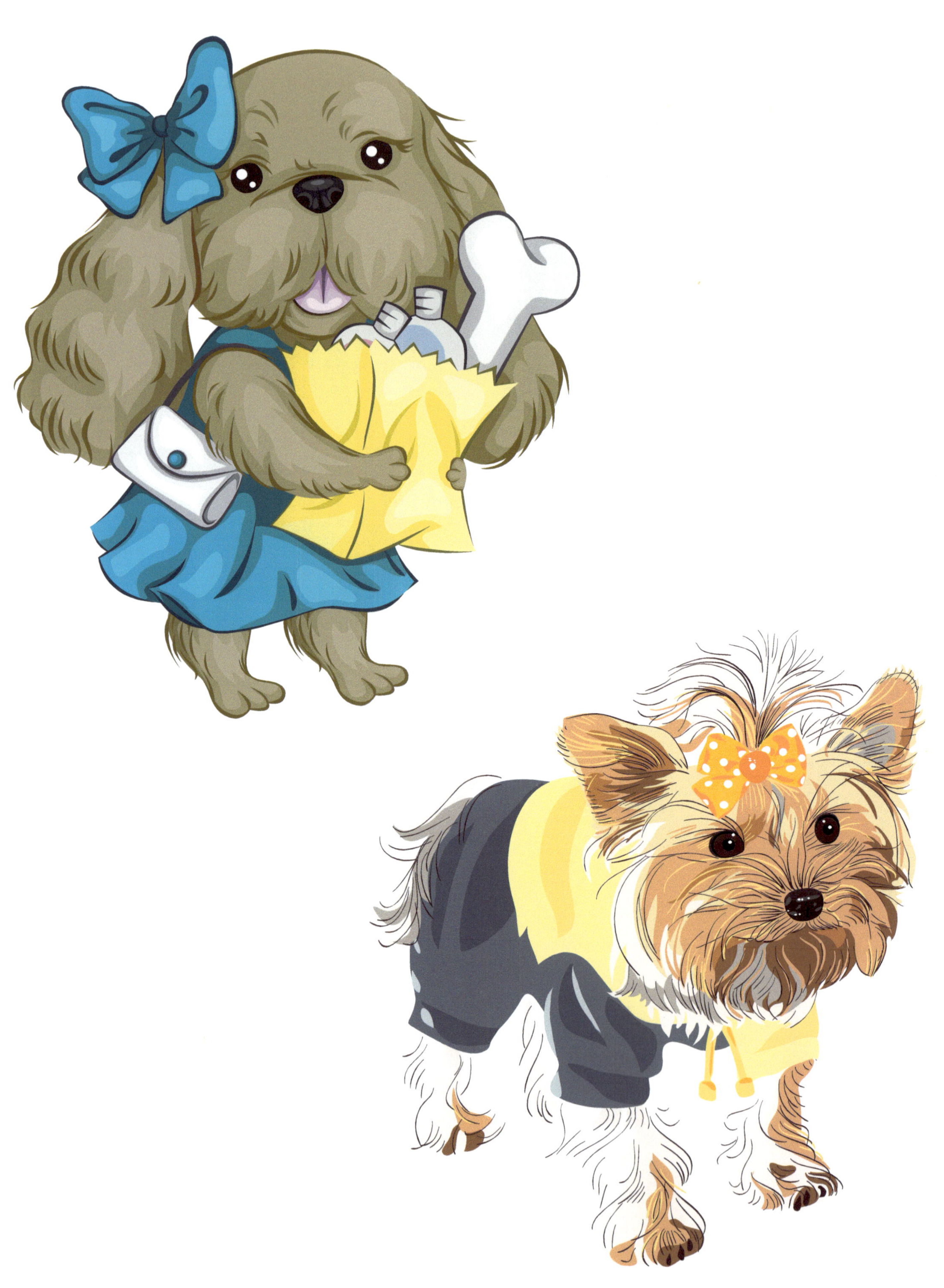

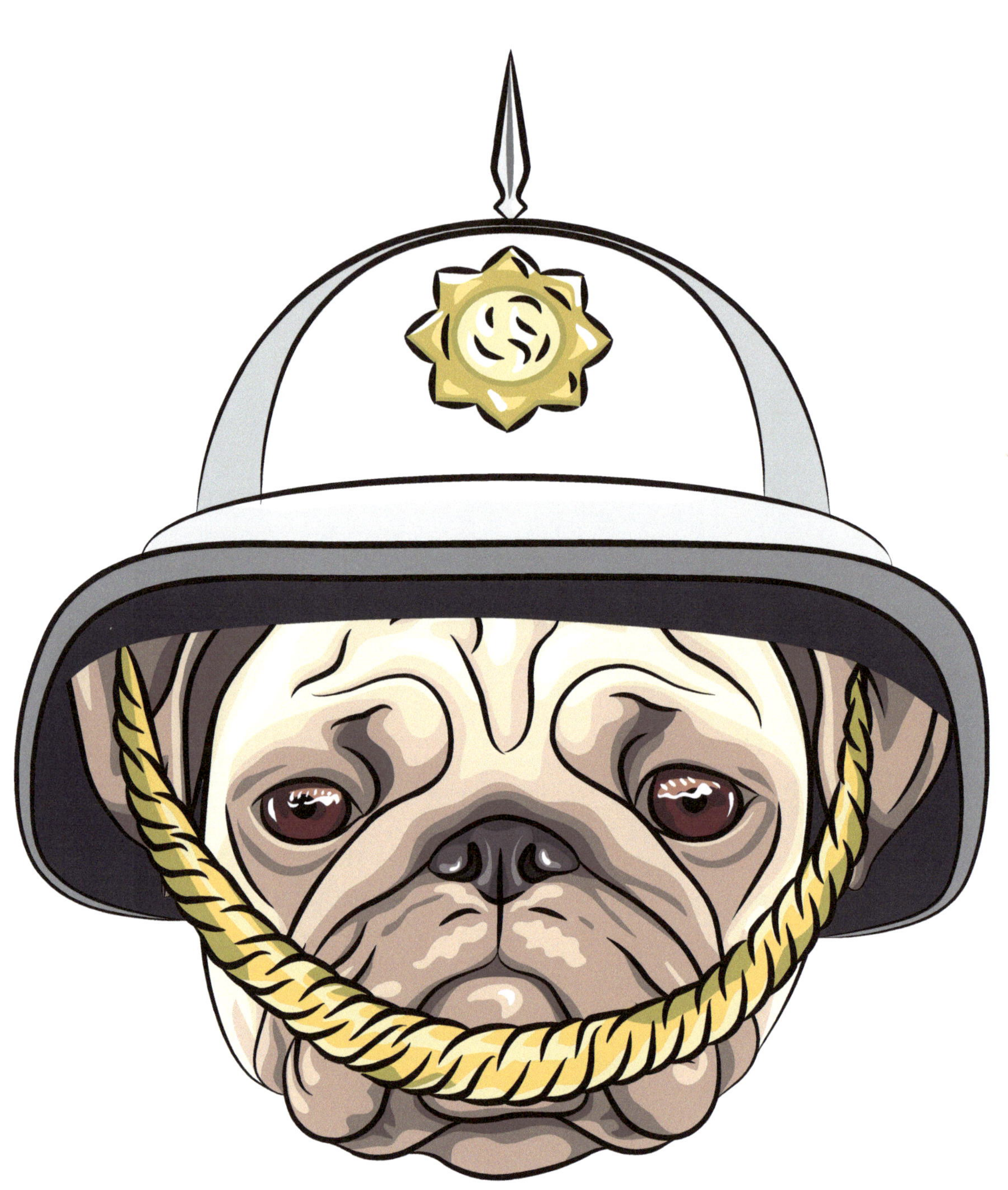

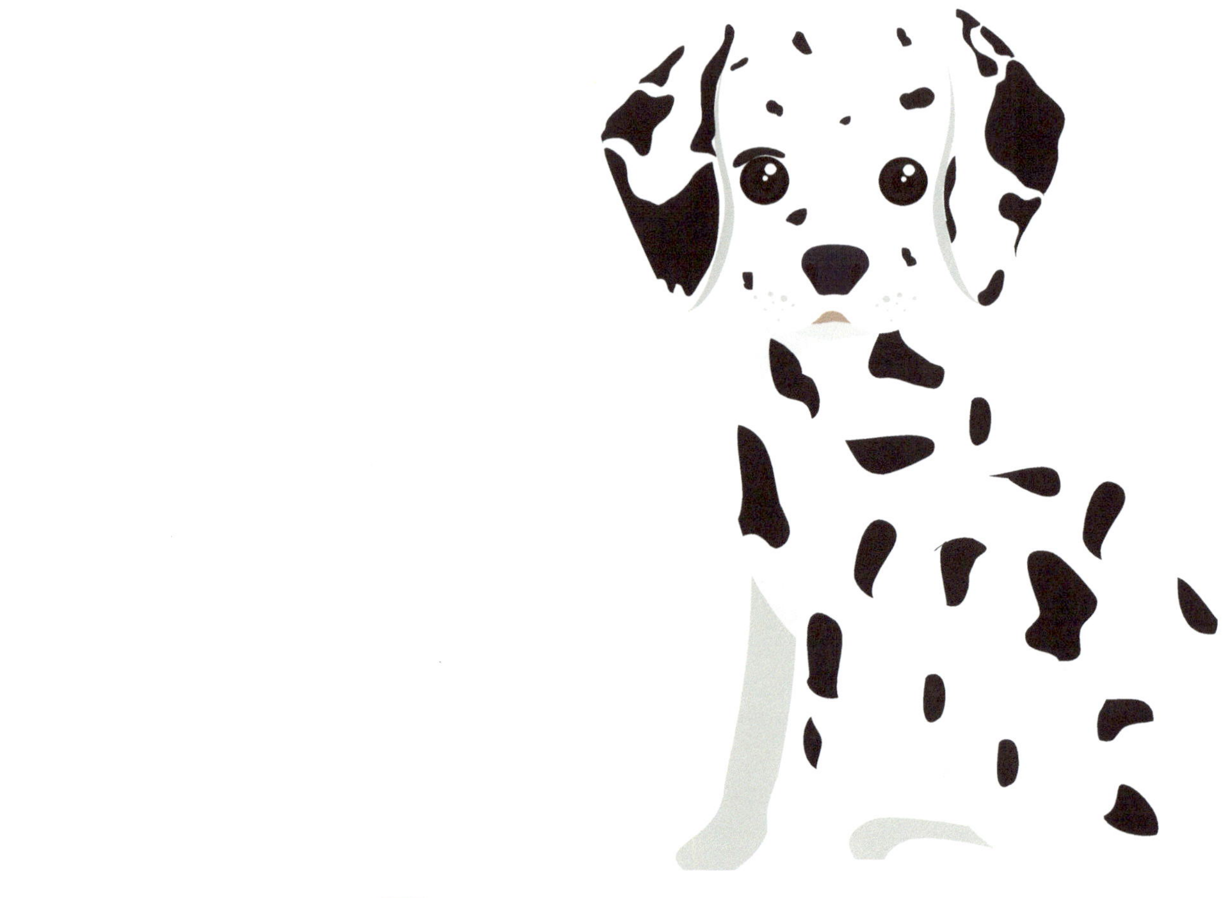
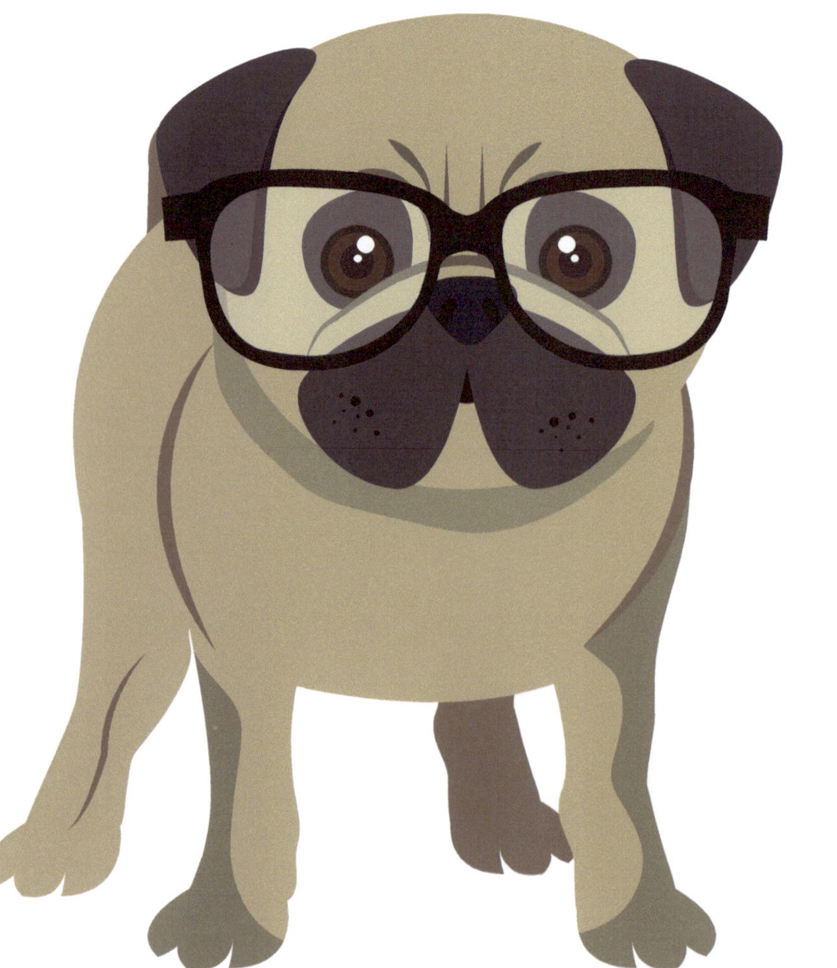

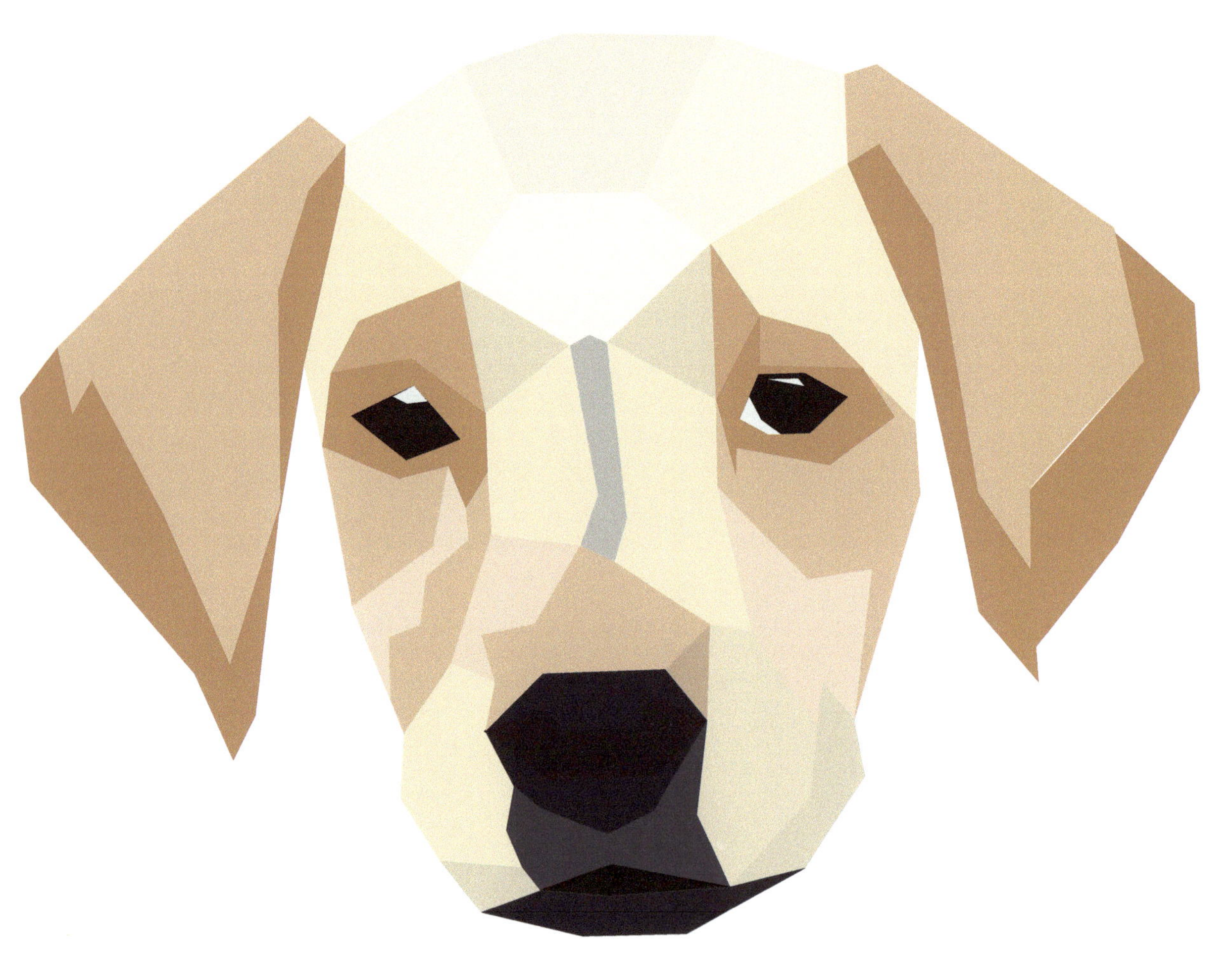

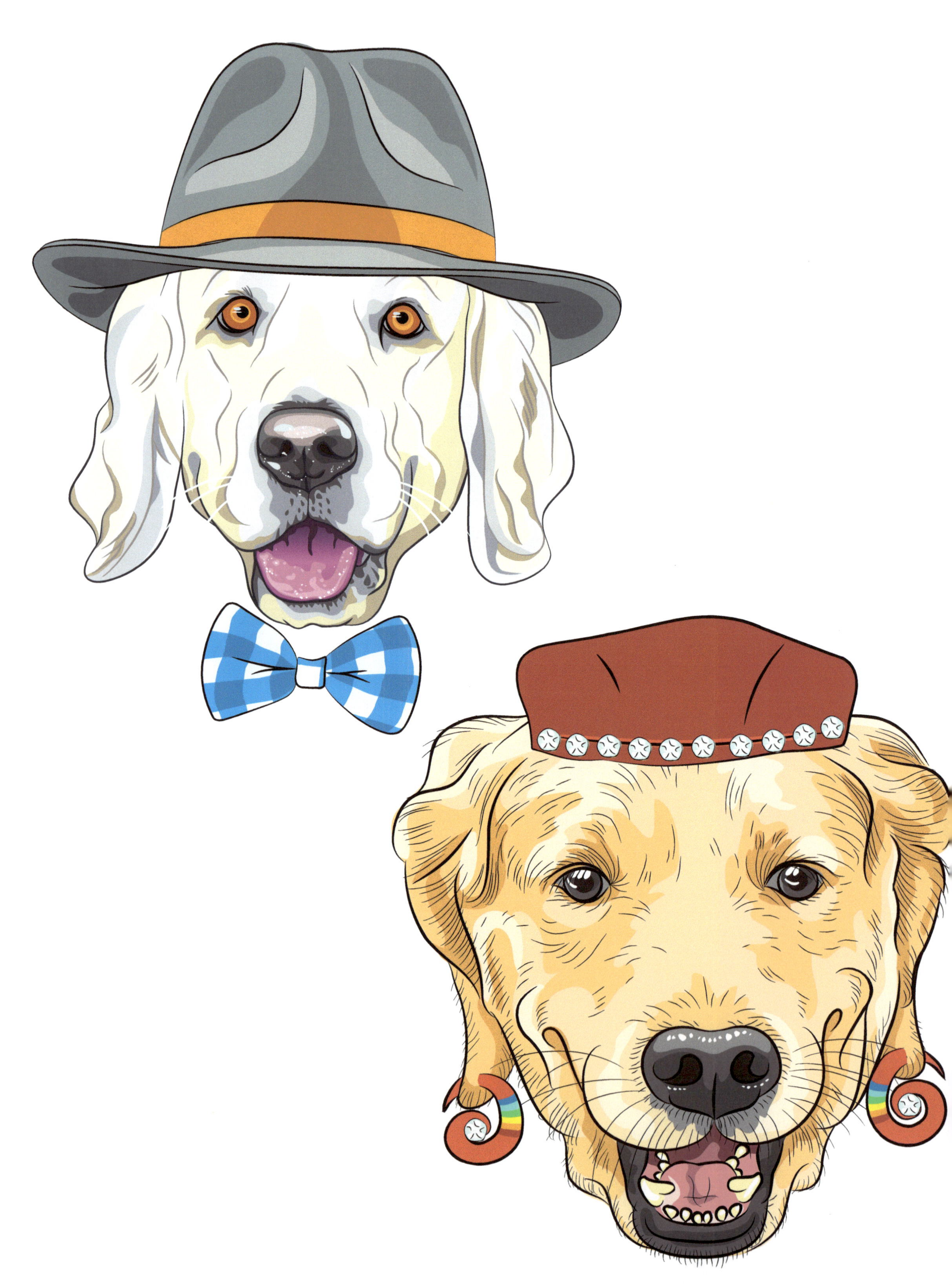

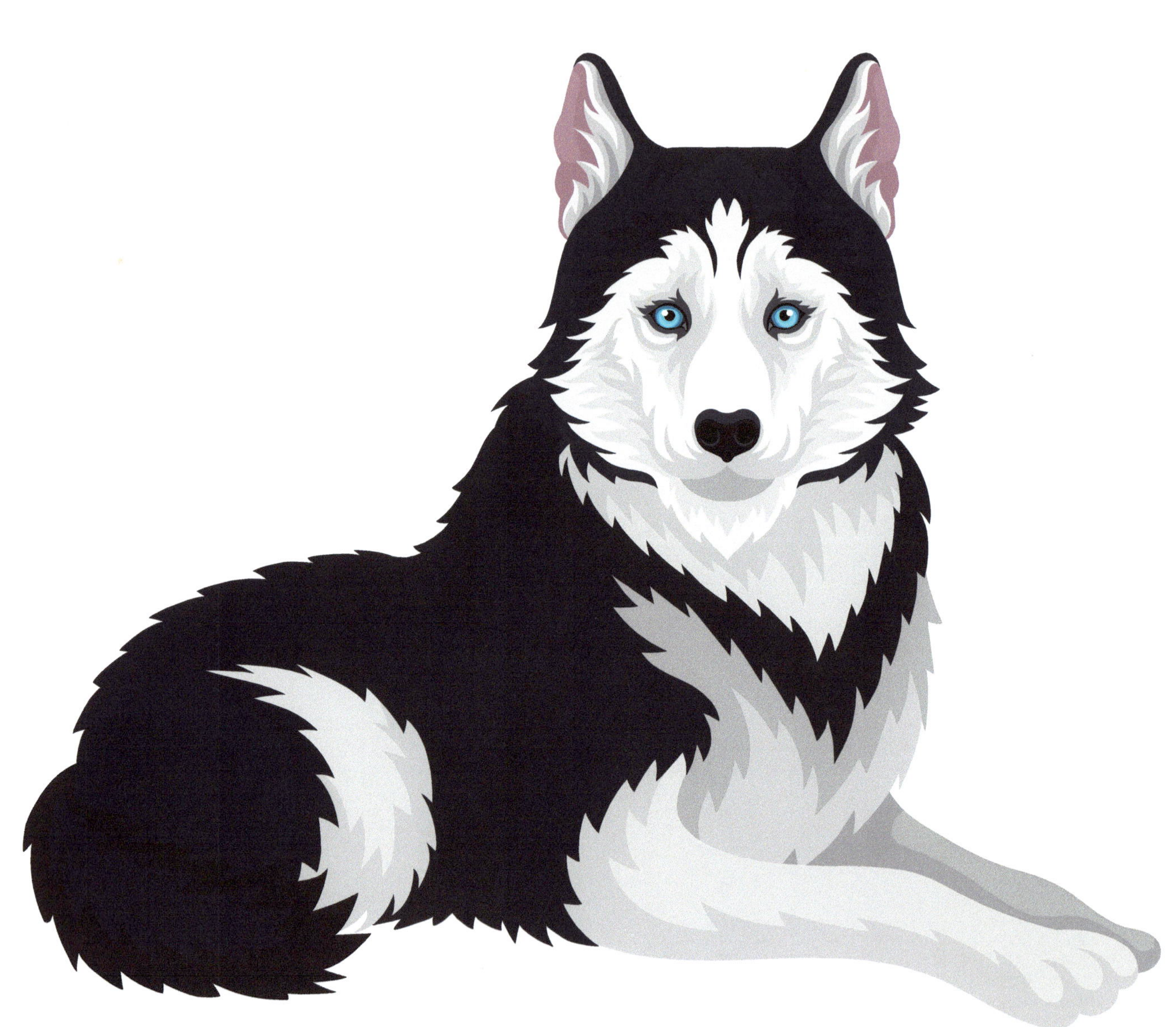

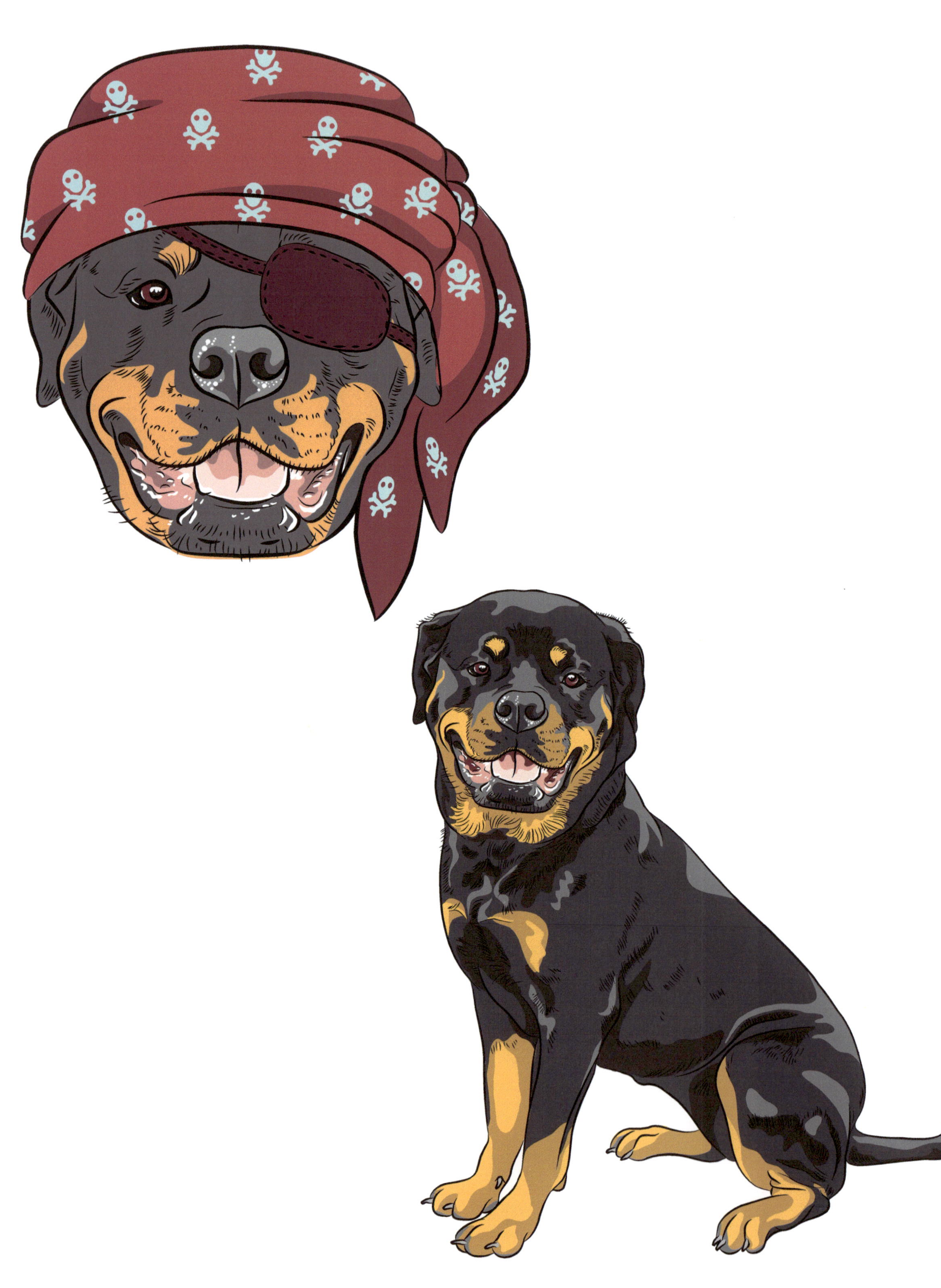

www.ingramcontent.com/pod-product-compliance
Lightning Source LLC
Chambersburg PA
CBHW040135240726
48664CB00002B/490